本书出版得到了南昌工程学院的科研专项资助
国家自然科学基金项目（71263018）
江西省高校人文社会科学项目（JJ17223）

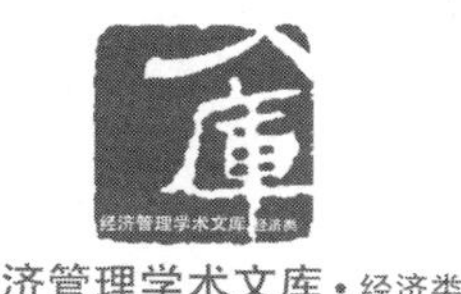

经济管理学术文库 • 经济类

食用农产品生产农户道德风险行为发生机理及防范机制研究

Research on the Occurrence and Prevention Mechanism of Edible Agro-Products Farmer's Moral Hazard Behavior

李学荣　张利国／著

经济管理出版社
ECONOMY & MANAGEMENT PUBLISHING HOUSE

图书在版编目（CIP）数据

食用农产品生产农户道德风险行为发生机理及防范机制研究/李学荣，张利国著．—北京：经济管理出版社，2018.8

ISBN 978-7-5096-5926-7

Ⅰ．①食… Ⅱ．①李… ②张… Ⅲ．①农产品—质量管理—安全管理—研究—中国 Ⅳ．①F326.5

中国版本图书馆 CIP 数据核字（2018）第 173067 号

组稿编辑：曹 靖
责任编辑：张巧梅
责任印制：黄章平
责任校对：王淑卿

出版发行：经济管理出版社
（北京市海淀区北蜂窝 8 号中雅大厦 A 座 11 层 100038）
网 址：www.E-mp.com.cn
电 话：（010）51915602
印 刷：北京玺诚印务有限公司
经 销：新华书店
开 本：720mm×1000mm/16
印 张：12.5
字 数：210 千字
版 次：2018 年 10 月第 1 版 2018 年 10 月第 1 次印刷
书 号：ISBN 978-7-5096-5926-7
定 价：68.00 元

前　言

实施乡村振兴战略是党的十九大做出的重大决策部署，是决胜全面建成小康社会、全面建设社会主义现代化国家的重大历史任务，是新时代“三农”工作的总抓手。2018 年中央 1 号文件指出，要加快提升农业发展质量，坚持质量兴农、绿色兴农，以农业供给侧结构性改革为主线，加快构建现代农业产业体系、生产体系、经营体系，提高农业创新力、竞争力和全要素生产率，加快实现由农业大国向农业强国转变。要深入推进农业绿色化、优质化、特色化、品牌化，调整优化农业生产力布局，推动农业由增产导向转向提质导向。积极开展农业绿色发展行动，实现投入品减量化、生产清洁化、废弃物资源化、产业模式生态化，确实提升农业发展质量，确保食用农产品的质量安全。

食用农产品与老百姓日常生活紧密相关，其质量安全直接关乎老百姓的身体健康和生命安全。随着经济社会的快速发展以及老百姓生活水平的稳步提高，老百姓的消费理念正逐步由温饱型向享受型升级，且对食用农产品质量安全水平也提出了更高的要求。有机、绿色、无公害、原生态、新鲜以及时令食用农产品越来越成为广大老百姓的普遍选择。然而，一方面，受农业生态环境以及农业生产方式等多种因素的制约，不安全食用农产品仍然充斥着我国食用农产品市场，这种低端无效供给难以满足老百姓日益多样化的需求；另一方面，由于食用农产品市场中各主体之间存在着质量信息不对称，生产农户容易受利益驱使，发生农药、激素、保鲜剂等农用药剂和添加剂的超标、违规使用行为，严重影响着食用农产品质量和安全水平甚至威胁到消费者的身心健康。这些问题产生的原因之一是农户受利益驱使而发生道德风险行为。食用农产品生产农户道德风险行为的发生，不仅严重影响着我国食用农产品整体质量和安全水平，而且对食用农产品供应链各环节相关主体利益带来不利影响，更威胁到我国安全食用农产品的生产及有效供给。为此，当前我国食用农产品质量安全状况如何？食用农产品生产农户道德风险行为发生情况怎样？发生机理是什么？影响因素有哪些？如何有效防范？这一系列问题值得深入研究。

本书以“食用农产品生产农户道德风险行为发生机理及防范机制研究”为题，在充分借鉴国内外相关研究成果的基础上，深入田间地头开展农户调研，了解我国食用农产品质量安全状况，探究食用农产品生产农户道德风险行为发生内在机理，探寻影响农户道德风险行为发生的因素，并提出防范农户道德风险行为的政策重点及对策建议，为政府引导农户生产行为向安全化、清洁化、减量化、规范化方向发展提供理论依据。全书共由九章构成，具体内容如下：

第一章，导论。本章首先介绍本书的研究背景，并提出重点研究的问题，得出研究意义，然后介绍本书的研究框架、研究范围、研究内容及研究方法。

第二章，理论基础与文献综述。本章首先对相关概念进行界定，重点结合本书的研究目标及研究对象，得出生产环节农户道德风险的概念，接着描述农户道德风险行为测度的主要方法，然后简要介绍相关理论，包括信息不对称论、委托—代理理论、外部性理论以及农户行为理论，再次对食用农产品生产领域道德风险行为的国内外研究成果进行梳理，最后根据当前我国农业生产的实际情况以及农户生产行为的具体特征，对农户行为提出合理的人性假设。

第三章，我国食用农产品质量安全形势：现状、问题、成因及影响。本章首先分析我国食用农产品质量安全的现状，其次指出存在的一些突出问题，接着分析生产环节食用农产品质量安全问题产生的原因，最后分析食用农产品质量安全问题带来的不利影响。

第四章，食用农产品生产农户道德风险行为发生机理的理论分析。本章首先从理论层面分析农户道德风险行为产生的原因，其次借助“贝—斯”预期总效用模型，从理论层面分析影响农户道德风险行为的主要因素，具体包括农户个人特征、农户家庭特征、农户认知特征、食用农产品生产特征、外部环境特征、政府规制特征以及非正式制度特征对农户道德风险行为的影响，最后简要分析这些因素对农户道德风险行为影响的原理。

第五章，食用农产品生产农户道德风险行为发生影响因素的实证分析。本章首先借助委托—代理模型来构建理论模型，具体包括农户道德风险行为发生的理论模型及农户生产行为约束模型，并根据研究的需要选择本研究采用的实证分析模型，其次提出研究假设、设计调查问卷并获取调研数据，最后进行实证分析，进而得出实证分析结论。

第六章，非正式制度对食用农产品生产农户道德风险行为发生影响因素的实证分析。本章首先对非正式制度进行介绍，包括非正式制度的概念、特征以及我国农村非正式制度的发展情况，其次分析非正式制度对农户生产行为的影响机理，最后借助二元 Logistic 回归模型和半参数 Logistic 回归模型，验证非正式制度对农户道德风险行为可能产生的影响。

第七章，食用农产品生产农户道德风险行为防范机制的建立。本章先从经济、社会、制度、法律四个视角，探讨食用农产品生产农户道德风险防范机制的建立，确定防范的政策重点，然后从政府、农业合作组织、农户三个层面提出防范农户道德风险行为的政策措施。

第八章，我国从源头确保食用农产品质量安全的主要措施。本章立足于我国食用农产品质量安全监管现状及存在突出问题，基于我国食用农产品分散化生产实际，介绍了当前我国从源头确保食用农产品质量安全的三种主要措施，即推行食用农产品合格证制度、创建国家农产品质量安全县以及建立食用农产品质量安全追溯体系。在内容方面，主要包括这些措施的管理办法、实施目标、实施原则、重点任务以及各地取得的成功经验。

第九章，主要研究结论与展望。对本书得出的主要研究结论进行归纳，并对后续研究提出展望。

本书的出版得到了南昌工程学院的著作类科研成果专项资助，在此表示感谢！同时，本书还是课题组承担的国家自然科学基金项目“食用农产品生产者道德风险行为发生机理及防范机制研究——基于农户视角”（71263018）、江西省研究生创新项目“蔬菜种植农户不合理农药施用行为防范机制研究”（YC2015－B060）以及江西省高校人文社会科学项目“供给侧改革背景下江西生态农业发展路径研究”（JJ17223）等科研项目的前期研究成果。

本书凝结了课题组所有成员的辛勤劳动，他们分别是江西财经大学生态经济研究院黄和平教授、张萌旭副教授以及鲍丙飞博士等，在此表示衷心的感谢！

本书可供农业经济管理、资源环境经济学等专业的本科生和研究生阅读，也可作为科研、教学人员及政府工作人员的参考用书。由于食用农产品生产农户道德风险行为发生机理的复杂性、食用农产品质量安全影响因素的多样性以及农户生产行为的随意性，加之笔者能力有限，书中难免出现疏漏与欠妥之处，诚请各位同行和读者批评指正。

本书参考了国内外许多相关文献资料，借鉴了许多学者的研究成果，在此深表谢意。我们通过注释和参考文献一一列出了资料来源和文献出处，如果还有遗漏，敬请原谅。

目　录

第一章　导论

第一节　选题背景与研究意义

一、选题背景

食用农产品与老百姓日常生活密切相关，其质量安全直接关系到老百姓的身体健康和生命安全。随着经济的快速发展以及老百姓生活水平的稳步提高，老百姓的消费理念正逐步由温饱型向享受型升级，并对食用农产品质量安全水平提出了更高要求。有机、绿色、无公害、原生态、新鲜以及时令的食用农产品越来越成为广大老百姓的普遍选择。然而，受农业生态环境以及农业生产方式等多种因素的制约，不安全食用农产品仍然充斥我国的食用农产品市场，这种低端甚至无效供给难以满足老百姓日益多样化的需求。2016 年，供给侧结构性改革在我国众多领域相继推进，对于食用农产品生产领域而言，如何为广大老百姓提供新鲜优质、安全营养的食用农产品，减少无效和低端供给，以实现产出高效、产品安全的目标，是我国农业供给侧结构性改革的重点任务和主攻方向。

在现实中，食用农产品质量安全是一个系统工程，受到多重因素共同影响。生产出安全优质食用农产品需要适宜的天气、优质的土壤水源以及规范的生产行为，可谓“天时”“地利”“人和”的综合。从“人和”的角度看，由于食用农产品市场中各主体之间存在着质量信息不对称，生产农户容易受利益驱使，导致各种农药、激素、保鲜剂等农用药剂和添加剂的超标、违规施用，严重影响着食用农产品质量安全水平甚至威胁到消费者的身心健康。这些问题的产生源于在

“天时”及“地利”因素无法改变的情况下出现的“人不和”现象，即农户的生产行为出现了问题。这种现象又可以分为农户在“知”与“不知”情况下出现的“人不和”现象。“知”是指农户知道超标、违规施用农用药剂和添加剂等行为对食用农产品质量安全造成的不利影响，而“不知”则是指农户由于文化水平低、质量安全认知不足等原因，不清楚超标、违规施用农用药剂和添加剂等行为可能对食用农产品质量安全造成的不利影响。“知”的情况下出现的“人不和”现象，则说明是农户行为的故意使然，表现为农户受利益驱使而发生了道德风险行为。

食用农产品生产农户道德风险行为的发生不仅严重影响着我国食用农产品整体质量安全水平，而且对食用农产品供应链各环节相关主体利益带来不利影响，严重威胁到我国安全食用农产品的生产及有效供给。此外，农户的道德风险行为具有“传染性”，如不有效防范，其他“和善”的农户在食用农产品生产过程中也可能会“学坏”，导致农户道德风险行为迅速蔓延，最终出现道德风险行为泛滥的局面，严重影响我国食用农产品的质量安全水平。为此，当前我国食用农产品质量安全现状如何？存在哪些急需解决的问题？食用农产品生产农户道德风险行为发生情况怎样？发生机理是什么？影响因素有哪些？如何有效防范？这一系列问题值得深入研究。因此，本书以“食用农产品生产农户道德风险行为发生机理及防范机制研究”为题，在充分借鉴国内外相关研究成果的基础上，深入田间地头开展农户调研，了解我国食用农产品质量安全现状，探究食用农产品生产农户发生道德风险行为的内在机理，尽可能地准确找到影响农户发生道德风险行为的因素，并提出防范农户道德风险行为的对策建议，为政府引导农户生产行为向安全、规范方向发展提供理论依据和实践支持。

二、研究意义

民以食为天，食以安为先，舌尖上的安全关乎老百姓的身心健康和生命安全。所食用的农产品是否优质、安全、绿色、营养已成为社会公众普遍关心的话题。然而，近年来，被频频曝光的食用农产品质量安全事件引发了社会的广泛关注，如生猪养殖使用瘦肉精、水产养殖使用孔雀石绿、牛奶中添加三聚氰胺、红心鸭蛋使用苏丹红、豇豆使用高毒禁用农药、豆芽掺入非食品添加剂、生姜使用有毒农药、韭菜种植使用蓝矾……这一系列事件的发生带来了各种严重社会问题，对食用农产品行业造成了多种不利影响。在整个食用农产品的供应链中，生产环节是最重要的环节，涉及农户众多，对食用农产品及其加工品的质量水平、供给和价格的稳定、消费者的福利以及供应链参与成员的利益产生重要影响。在当前家庭分散经营的大背景下，农户的生产行为是导致出现食用农产品质量安全问题最为关键的人为因素（卫龙宝等，2005）。就生产环节而言，许多食用农产品质量安全事件发生的原因在于农户没有严格按照相关标准进行生产，违规施用禁用农药或添加剂，过量投入农药、化肥等化学品，以及不科学的田间管理。由于食用农产品市场中农户与消费者、农户与政府管理部门之间存在着质量信息不对称问题，农户容易受利益驱使而发生道德风险行为，导致劣质的、不安全的食用农产品充斥着食用农产品市场。因此，分析食用农产品生产农户的具体生产行为，剖析其道德风险行为发生的内在机理，探寻影响食用农产品生产农户道德风险发生的因素，建立食用农产品生产农户道德风险防范机制，确定防范的政策重点和措施，并明晰农户自身、政府及农业合作组织等主体在道德风险防范中的责任和义务，将有助于引导广大食用农产品生产农户采取更加清洁绿色的生产方式，为解决我国食用农产品质量安全问题找到现实途径，也为从源头确保食用农产品质量安全提供了科学依据，更有利于质量兴农目标的实现。除此之外，本书的意义还体现在以下几方面：

首先，在理论分析的基础上，剖析农户道德风险行为发生的内在机理，有利于丰富农户道德风险行为理论，加深对农户道德风险发生机理的认识，将为针对性防范农户道德风险行为提供依据。

其次，在实地调研的基础上，对食用农产品生产农户具体的生产行为有更加全面的了解，可以准确地把握农户行为约束机制，为科学合理地制定相关政策，更好地约束农户生产行为，保障食用农产品质量安全提供参考。

最后，在实证分析的基础上，根据相关计量模型实证分析结论，结合当前农户生产实际，从经济、社会、制度及法律四个视角探讨食用农产品生产农户道德风险防范机制的建立，有利于引导农户生产行为由他律转为自律，自觉规范生产行为，为提升我国食用农产品质量安全水平提供政策支持。

第二节 研究内容与研究方法

一、研究内容

本书以农户道德风险行为作为研究主线，基于当前我国食用农产品质量安全现状，分析存在的问题及其产生的原因，指出生产环节食用农产品质量安全问题产生的原因之一在于农户发生了道德风险行为，然后围绕道德风险行为“为什么会发生？影响因素有哪些？如何有效防范？”三个问题展开研究。借助“贝—斯”模型，从理论层面找出影响农户道德风险行为的因素，然后构建本书的理论模型，并提出研究假设，设计研究问卷，开展农户调研，借助实证模型，并从实证分析的角度找出显著影响农户道德风险行为的主要因素，最后从经济、社会、制度及法律四个视角指出当前我国防范农户道德风险行为的重点，并从农户自身、政府以及农业合作组织三个层面分别得出具体的防范措施，具体的研究内容如下：

（1）绪论。包括选题背景及研究意义、研究框架、研究范围、研究内容以及用到的研究方法。

（2）理论基础和文献综述。包括相关概念的界定，涉及的相关理论，并对食用农产品生产领域道德风险行为的国内外研究成果进行梳理。

（3）我国食用农产品质量安全的总体形势：现状、问题、成因及影响。分析我国食用农产品质量安全的现状，指出存在的一些突出问题，并详细阐述这些问题产生的成因以及带来的不利影响。

（4）食用农产品生产农户道德风险行为的发生机理。针对生产环节食用农产品存在的道德风险问题，首先从理论层面剖析道德风险行为产生的原因，然后借助“贝—斯”预期总效用模型，从理论层面分析影响农户道德风险行为的主要因素，最后就这些因素的影响原理进行简单分析。

（5）食用农产品生产农户道德风险行为影响因素的实证分析。借助委托—代理理论，构建理论模型，选择拟采用的实证分析模型，提出研究假设，设计调查问卷并获取调研数据，并进行实证分析。

（6）非正式制度对食用农产品生产农户道德风险行为影响的实证分析。对非正式制度进行概述，包括非正式制度研究的必要性、概念与特征、我国农村非正式制度的发展情况及非正式制度对农户生产行为的影响机理，借助实证模型，验证非正式制度对农户道德风险行为可能产生的影响。

（7）食用农产品生产农户道德风险行为防范机制的建立。从经济、社会、制度及法律四个视角，探讨食用农产品生产农户道德风险行为防范机制的建立，确定防范的政策重点，然后从农户自身、政府及农业合作组织三个层面提出防范农户道德风险的具体政策措施。

（8）我国从源头确保食用农产品质量安全的主要举措。立足我国食用农产品质量安全监管现状，基于我国食用农产品分散化生产实际，介绍我国从源头确保食用农产品质量安全的三种主要措施，即推行食用农产品合格证制度、创建国家农产品质量安全县以及建立食用农产品质量安全追溯体系。在内容方面，主要包括这些措施的管理办法、实施目标、实施原则、重点任务以及各地的成功经验。

（9）研究结论与展望。归纳本书得出的主要研究结论，指出书中存在的不足之处，并对后续的研究进行展望。

二、研究方法

本书采用的研究方法主要有以下两种：

（1）理论与实证相结合的方法。采用理论分析的方法，对农户道德风险发生机理进行理论分析，并借助委托—代理理论构建本书的理论模型，然后根据“贝—斯”模型得出影响农户道德风险行为的因素，为问卷设计及实证分析奠定基础。另外，结合实地调研数据，选择实证模型，采用实证分析的方法对农户道德风险行为影响因素进行分析，得出显著影响农户道德风险行为的因素，为后文防范机制的建立提供依据。

（2）问卷调查法。研究农户行为，离不开对农户食用农产品生产活动的准确把握。为此，本书采用问卷调查法，根据选定的研究对象及调研区域，开展农户调研，以了解农户生产实践，从而判断农户生产行为是否规范、存在哪些突出问题，并在问询中找出问题产生的原因。同时，根据问卷设计的内容，采用问答的方法收集研究需要的一手数据资料，并为实证分析提供数据支撑。

第三节　研究框架与研究范围

一、研究框架

本书按照“提出问题—分析问题—解决问题”的思路展开。本书首先基于我国食用农产品质量不安全的现实，引出问题，即我国食用农产品质量安全存在哪些突出问题？这些问题的成因是什么？如何有效解决这些问题？带着这些问题，大量查阅国内外相关文献，走访监管部门，咨询相关专家，设计调查问卷，开展实地调研，获取调研数据。在资料整理及实地调研的基础上，认清我国食用农产品质量安全的总体形势，并找出存在的突出问题，指出生产环节农户道德风险行为的发生是导致这些问题产生的原因之一。接着重点围绕生产环节农户道德风险行为引出具体的研究主题，即农户道德风险行为发生的内在机理是什么？影响因素有哪些？影响方向和影响程度如何？如何有效防范农户道德风险行为？并根据研究结论得出农户道德风险行为防范机制，包括防范政策重点和具体防范措施，最后归纳本书的研究结论以及后续研究展望。

在农村调研时发现，某些农村自发形成的非正式制度在规范农户生产行为方面也发挥着重要作用。考虑到这些非正式制度，如某些农村颁布的村规民约，可能也是影响农户道德风险行为发生的非常重要的因素。因此，为探讨非正式制度对农户道德风险行为发生的影响方向及影响程度，本书在实证分析时，第五章和前人的研究一样，只考虑正式制度（如政府规制措施等）对农户行为的影响，但与前人的研究方法并不完全相同，还增加了一些影响因素。第六章则在第五章的基础上，在可能影响农户道德风险行为发生的因素中加入了非正式制度因素，这样一来，在影响因素中，既有正式制度因素，又有非正式制度因素，一方面影响因素考虑更加全面，另一方面把这些因素当成可能影响农户道德风险行为发生的因素更加符合当前我国农户食用农产品生产实际。因此，分析食用农产品生产农户道德风险行为，非正式制度的影响是对正式制度影响不可或缺的补充和完善。本书的具体研究框架（技术路线图）如图1－1所示。

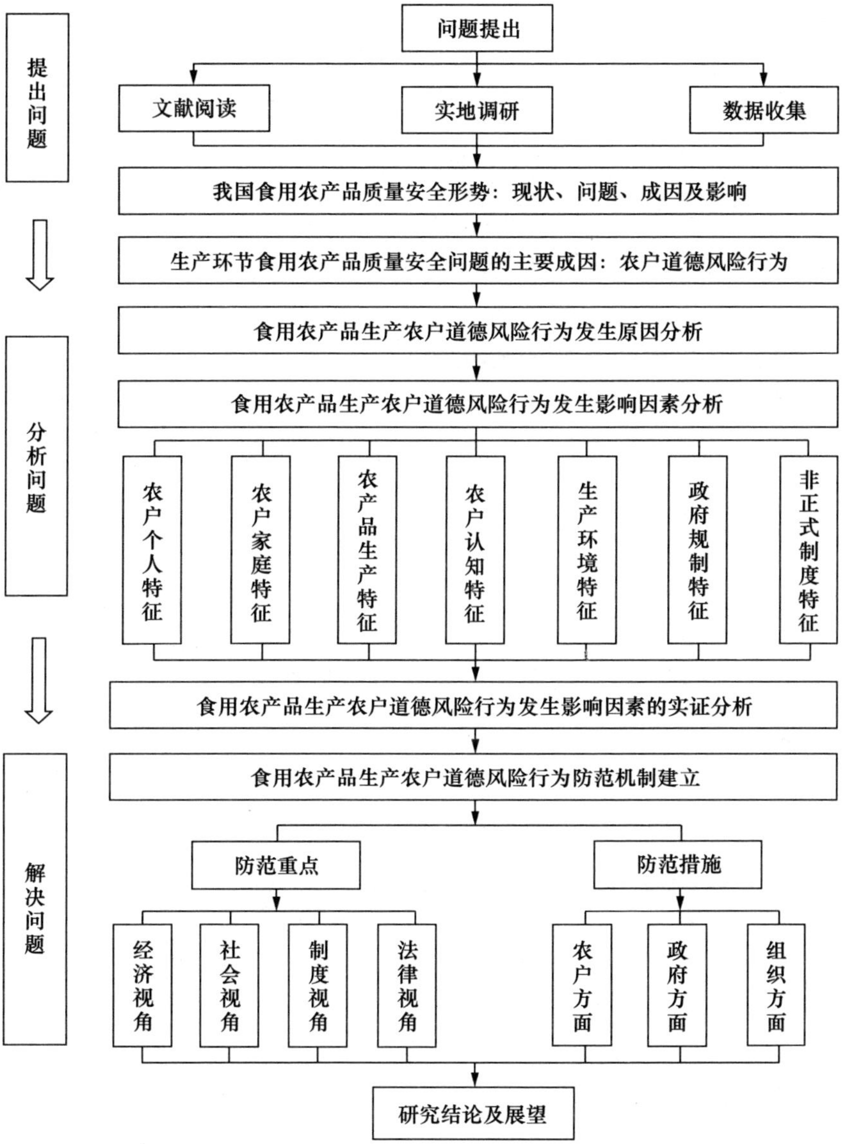

提出问题

问题提出

文献阅读　实地调研　数据收集

我国食用农产品质量安全形势：现状、问题、成因及影响

生产环节食用农产品质量安全问题的主要成因：农户道德风险行为

分析问题

食用农产品生产农户道德风险行为发生原因分析

食用农产品生产农户道德风险行为发生影响因素分析

农户个人特征　农户家庭特征　农产品生产特征　农户认知特征　生产环境特征　政府规制特征　非正式制度特征

食用农产品生产农户道德风险行为发生影响因素的实证分析

解决问题

食用农产品生产农户道德风险行为防范机制建立

防范重点：经济视角　社会视角　制度视角　法律视角

防范措施：农户方面　政府方面　组织方面

研究结论及展望

图1－1　技术路线图

二、研究范围

当前，我国食用农产品质量安全问题的产生既来源于生产环节，也与加工环节、流通环节密切相关。因此，保障食用农产品质量安全，应实行“从田间到餐桌”的全过程监管。食用农产品供应链涉及从生产到消费的数个阶段，其链条长、环节多、参与者众多。其中，生产环节是供应链中最重要的环节，涉及众多农户，对食用农产品及其加工品的质量、供给和价格的稳定、消费者的福利以及供应链参加成员的利益产生重要影响。在当前家庭分散经营的大背景下，农户的生产行为是导致出现食用农产品质量安全问题最为关键的人为因素（卫龙宝等，2005）。所以，本书主要基于农户视角，探讨生产环节（种植环节）食用农产品生产农户道德风险发生的内在机理及防范机制，加工环节及流通环节不在本书的研究范围内。

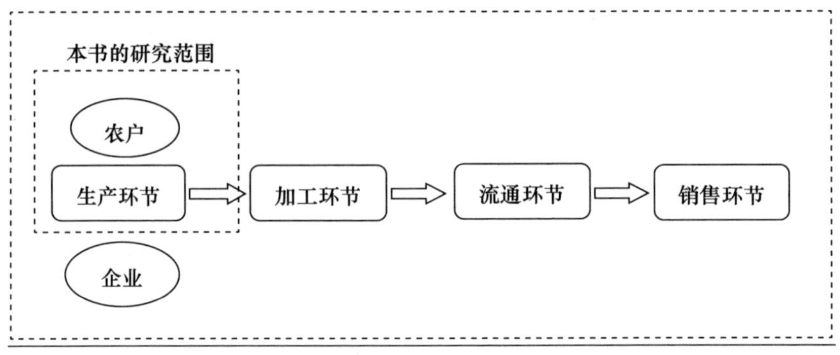

图1－2　食用农产品供应链及本书研究范围示意

第二章　理论基础与文献综述

第一节　相关概念界定

一、食用农产品

新修订的《中华人民共和国食品安全法》第二条第二款将“供食用的源于农业的初级产品”界定为“食用农产品”，具体是指在农业活动中获得的供人食用的植物、动物、微生物及其产品。学术界对食用农产品的概念有不同表述，李铜山（2008）认为，食用农产品是指种植业、养殖业、林业、牧业、水产业生产的各种可食用的植物、动物的初级产品及初级加工品，具体包括通过种植、养殖、采集、捕捞形成的，未经加工或者经过加工，可供人类食用的农产品①。这一概念界定比较符合我国食用农产品的基本情况，本书所要研究的食用农产品特指生产阶段的初级食用农产品。当前，食用农产品有多种分类，具体如下：

按照食用农产品习惯分类法分类，食用农产品可分为粮油、果蔬和果品、可食林产品、可食畜禽产品、可食水产品及其他可食农产品，且这些又各自包括多种分类。本书所提及的食用农产品特指粮食、蔬菜及水果，其他不在讨论范围内。

按照品质分类，可将食用农产品分为常规食用农产品、无公害农产品、绿色食品、有机农产品和地理标识农产品。常规食用农产品是指尚未经过质量认证的

① 李铜山．食用农产品安全生产长效机制和支持体系建设研究［D］．华中农业大学，2008.

食用农产品，既包括未经过质量认证但质量达标的合格食用农产品，也包括未经过质量认证且质量不达标的问题食用农产品，比如农残超标等。无公害农产品是指经省一级农业行政主管部门认证，允许使用无公害农产品标识，无污染、安全、农药和重金属均不超标的农产品及其加工产品的总称。绿色食品是指按照特定生产方式生产，经专门机构认定，许可使用绿色食品标识的无污染、安全、优质、营养类农产品。有机农产品是指按照有机农业生产标准，在生产中不采用基因工程获得的生物及其产物，不施用化学合成的农药、化肥、生长调节剂、饲料添加剂等物质，采用一系列可持续发展的农业技术，生产、加工并经专门机构严格认证的一切农副产品。地理标识农产品是指产自特定地域，所具有的质量、声誉或其他特性本质上取决于该产地的自然因素和人文因素，经审核批准以地理名称进行命名的农产品①。

二、食用农产品安全

食用农产品安全包括食用农产品质量安全和数量安全两个方面。其中，食用农产品质量安全是指生产出来的食用农产品是否有利于人类健康。食用农产品数量安全是指食用农产品的供应量能否满足人类摆脱饥饿的需求。本书仅讨论食用农产品的质量安全问题。就食用农产品质量安全而言，国内大致有以下三种说法：一是指质量和安全的组合。质量是指食用农产品的外观和内在品质，如营养成分、色香味、口感、加工性能等，安全是指食用农产品的危害因素，如农药残留、兽药残留、重金属污染等对人、动植物和环境存在的危害和潜在危害；二是将质量安全作为一个词组，是食用农产品安全、优质、营养要素的综合；三是指质量中的安全，是一种狭义概念②。结合本书的研究目的，笔者比较认同第二种说法。

三、安全食用农产品

所谓安全食用农产品或安全的食用农产品，是指不含有可能损害或威胁人体健康的因素，不会导致消费者产生急性毒害、慢性毒害或感染疾病，不会产生危及消费者及其后代健康隐患的食用农产品。

---

①② 李铜山．食用农产品安全生产长效机制和支持体系建设研究［D］．华中农业大学，2008.

目前我国市场上的安全食用农产品，主要是指产品或产品原料的产地符合安全食用农产品的生态环境标准，严格遵循安全食用农产品的生产技术操作规程，产品符合安全食用农产品质量和卫生标准，无污染、安全、优质、营养的产品。具体包括无公害农产品、绿色食品、有机农产品三大类。这三类安全食用农产品简称“三品”，就好像一个金字塔，塔基是无公害农产品，中间是绿色食品，塔尖是有机农产品，越往上质量越好，安全度越高。

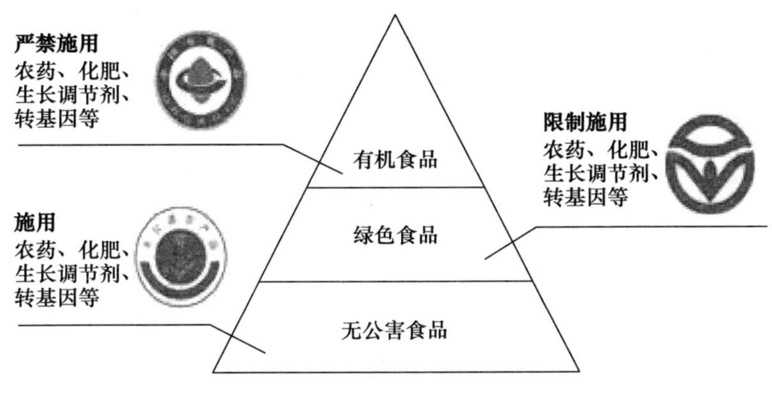

图2－1 “食品等级”金字塔

四、道德风险

道德风险是20世纪80年代由国外学者提出的一个经济哲学范畴概念，即“从事经济活动的人在追求自身效用最大化的同时采取了对他人不利的行动”。或者说“当签约一方不完全承担风险后果时所采取的使自身效用最大化的自私行为”①。引起道德风险问题的主要原因在于信息不对称。由于食用农产品生产农户与消费者、生产农户与收购方、生产农户与政府普遍存在信息不对称，受利益驱使，农户容易发生道德风险行为。当前，在我国食用农产品的生产领域，不仅契约（合同）签约方之间容易发生道德风险行为，如农户或收购方单方面违约、农户不按合约质量规定生产食用农产品等，未签约农户受利益驱使等因素影响也会发生道德风险行为，如食用农产品生产过程中，人为地提高农药配比浓度、施

① 互动百科：道德风险。

用禁用农药或安全间隔期内施用农药等，导致食用农产品农残超标，然后这些问题食用农产品又被拿到市场上出售，这是典型的损人利己的道德风险行为。国内学者对食用农产品生产过程中农户道德风险行为展开了研究，对什么是道德风险给出了很多合理的阐述。比如，周峰等（2007）认为，参加无公害农产品认证的农户不按照标准进行生产即为道德风险；张利国（2008）认为，农户在有机食品生产过程中施用化肥、农药即为道德风险；方秋平（2010）认为，安全农产品生产农户挂着安全农产品的招牌却没有按照相应的安全标准进行生产即为道德风险；代云云等（2011）认为，安全蔬菜种植农户不按照安全生产技术的标准进行生产即为道德风险；娄博杰（2015）认为，农户为增加产量或者改善农产品外观而大量使用抗生素、激素和高毒农药即为道德风险等。根据上述学者对农户道德风险行为概念的界定，可以发现，这些概念侧重于突出农户在食用农产品（尤其是安全食用农产品）生产过程中出现的违规生产行为，比如，不按照认证的安全技术标准生产等。

基于我国食用农产品生产实际，结合实地调研，本书认为，食用农产品生产农户作为有限理性经济人，开展农业生产活动受到多重约束，由于信息不对称的存在，在利益等驱使下，其在明知违规施用禁用农药、过量施用农药、人为提高农药配比浓度、收获安全间隔期内施用农药等不规范生产行为对食用农产品质量安全不利的情况下，仍然有意发生上述行为，即为道德风险。与前人对道德风险概念界定不同的是，本书提出的概念强调了农户不规范生产行为发生的前提是农户明知其行为的害处仍然有意不规范生产，是农户对不规范生产行为危害有认知的前提下有意发生的。

道德风险是一个抽象概念，具有难以直接观测、难以避免主观测量误差等基本特征，需要通过其他指标来测度。加上当前食用农产品农药残留问题比较普遍，是消费者非常关心的问题之一。因此，本书借鉴周峰等（2007）、方秋平（2010）等用来测度农户道德风险行为的方法，根据农户在生产食用农产品的过程中，施用农药时是否人为提高农药配比浓度、是否违规施用禁用农药以及是否在收获安全间隔期内施用农药作为判定其是否发生道德风险行为的依据。只要发生了上述三种行为中的一种或者多种行为，均被视为发生了道德风险行为。

第二节 理论基础

一、信息不对称理论

信息不对称理论（Asymmetric Information Theory）是由诺贝尔经济学奖获得者——约瑟夫·斯蒂格利茨（Joseph E. Stiglitz）、乔治·阿克洛夫（George A. Akerlof）和迈克尔·斯彭斯（Michael Spence）于1970年提出的。该理论认为，在市场交易中，买卖双方信息不对称，卖方要比买方掌握更多的商品信息，卖方有信息优势，而买方处于信息劣势，通过向信息劣势的一方传递可靠信息，信息优势方可以在市场中获益，因而信息劣势方会努力从另一方获取信息。信息不对称问题在一定程度上可以通过市场信号的显示与传递弥补，当然，发挥政府在市场体系中强有力的作用显得同样重要。

一般说来，信息不对称是指参与市场交易的各方对所交易的商品拥有的信息不对称等，比如买卖双方拥有的关于商品或服务的质量、价格等信息不对等，导致一方处于信息优势地位，而另一方则处于信息劣势地位。信息不对称的表现形式主要包括信息源不对称、信息时间不对称、信息数量不对称、信息质量不对称和信息混淆等。根据不对称信息发生的时间进行划分，把不对称信息发生在当事人签约或知晓之前的称为事前不对称，把不对称信息发生在当事人签约或知晓之后的称为事后不对称。经济生活中的信息不对称使“逆向选择”（Adverse Selection）问题和“道德风险”（Moral Hazard）问题普遍存在，不仅造成了交易市场的严重萎缩和社会资源的极大浪费，而且影响了资源的配置效率。而在信息不对称问题研究中，研究事前信息不对称的理论重点关注的是“逆向选择”问题，研究事后信息不对称的理论重点关注的是“道德风险”问题。

“逆向选择”一般是指市场买方不能察知卖方商品的类型或质量时，出现市场中大量的“劣等品”排挤“优等品”并最终占领市场的现象。“逆向选择”所造成的市场失效，经济学中最经典的例子是“柠檬市场”（Lemon Market，次货或二手货市场），“优等品”与“劣等品”“竞争”的结果是前者被后者逐出市场。

“道德风险”一般是指人们享有自己行为的收益，而将成本转嫁给别人，从而造成他人损失的可能性，并突出表现为“损人利己”。在经济活动中，是指当事人在签约之后有违背合同、不守诺言、造假、偷懒、偷工减料、违规等的可能。“道德风险”来源于经济活动中一方的信息优势。信息优势又分为“隐蔽行动”和“隐蔽信息”。“隐蔽行动”是指信息优势方有不能为他人准确观察或了解的行动。“隐蔽信息”则是指从事经济活动的人对事态的发展掌握某些信息，这些信息足以决定他们采取恰当的行动，但别人则不能完全观察到。尤其是在市场经济条件下，由于人的机会主义动机，个人有实现自身效用最大化的愿望，再加上信息不对称形成的“隐蔽行动”和“隐蔽信息”，使另一方无法进行限制或索赔，由此“道德风险”就会出现。

对于食用农产品安全生产来说，市场机制本可以解决信息不对称所带来的部分问题，但由于信息收集具有成本，且收集到的信息可能不真实，合同执行过程中委托人存在着道德问题，以及不完全合同执行的法律成本、完全合同签订的成本可能很高等多种原因，使市场机制的作用大打折扣，所以在很多情况下，市场机制并不能够解决或者至少是不能够有效解决食用农产品生产中的信息不对称问题。

生产者由于掌握信息比较充分，往往处于比较有利的地位，加上获利动机和投机行为的驱使，就可能出现“道德风险”问题。消费者由于信息比较贫乏，处于比较不利的地位，加之贪图便宜和节约行为的驱使，就可能会出现“逆向选择”问题。政府及其管理部门的职责就是要尽力变信息不对称为信息对称，消除信息不对称及其所造成的各种问题，由此更正由市场机制所造成的一些不良影响。

二、委托—代理理论

委托—代理关系在社会中广泛存在，如公司所有者与公司经理，医生与病人，食用农产品生产农户与消费者，农业合作社经营者与社员等均为委托—代理关系。委托—代理关系的现实普遍性引起众多学者关注。

委托—代理理论（Principal - Agent Theory）主要研究如下问题：某一个人（称为委托人，Principal）以契约或其他形式委托另一个人（称为代理人，

Agent）按照自己（即委托人）的利益参与活动，但是委托人不能直接观测到代理人采取了什么行动，能够观测到的只是由代理人的行动和其他外生随机因素共同决定的信息。委托人要根据这些信息来奖惩代理人，以激励其选择对委托人最有利的行动（张维迎，1996）。委托人和代理人契约的基本内容是规定代理人为了委托人的利益采取某种行动以及委托人应该向代理人支付何种报酬。

在契约签订之前，代理人作为独立的“理性经济人”，其行动目标是追求自身效用最大化，因而代理人的目标并不总是与委托人一致。加上委托人和代理人之间存在信息不对称，因而委托人并不能获得有关代理人禀赋（如工作能力、工作努力程度等）的所有信息。因此，代理人在行动过程中为了自身效用可能会隐藏自己的信息或者以虚假信息欺骗委托人。这样的问题称为“逆向选择”（Adverse Selection），这种问题的产生最终会导致“劣等品驱逐优等品”的市场现象。比如在二手车市场，卖者对所出售二手车的质量信息了解的程度多于买者，可能做出以次充好的行为。

双方在签约之后，由于委托人和代理人两者的目标函数不同（委托人追求的是自身财富最大化，代理人追求个人收入最大化），并且委托人不能直接观测到代理人采取了什么行为，委托人能观测到的只是代理人行动的结果。这种事后信息不对称将形成“道德风险”（Moral Hazard）问题。代理人可能会利用委托人无法观测自己的行动而采取机会主义行为，即可能采取各种投机取巧办法来实现自我效用最大化。

对于食用农产品生产而言，虽然农户和消费者之间未签订委托—代理合同，但从广义上讲，农户和消费者之间就存在一种委托—代理关系，消费者委托农户生产安全优质食用农产品，以满足其日常需求，其中，消费者是委托人，农户是代理人。农户则结合自己的行为动机（比如获利），在一定的社会生产环境下，并将各种可能约束农户行为的因素考虑之后，开展食用农产品生产活动。但是，由于食用农产品种植过程中存在信息不对称，委托人无法观测到代理人的行为，代理人也知道这一点。加上委托人和代理人的目标存在冲突，委托人期望的是代理人为其生产安全优质的食用农产品，而农户则是期望获得尽可能多的利益，而当前食用农产品存在质量与数量之间的矛盾，要质量就难以保证数量，进而收益可能就难以实现。因此，在利益驱使下，农户可能做出一些对委托人不利的行为，即不规范生产，比如过量施用化肥、农药等，从而发生道德风险行为，并可能引发食用农产品质量安全问题。

三、外部性理论

外部性理论（Externality Theory）又称外部经济理论。该理论认为，在自由竞争的市场中，个人成本和社会成本、个人收益和社会收益并不总是一致的。一般来说，当市场交易对交易双方以外的第三者产生影响，并且这种影响又无法体现在市场价格中时，就会出现外部性。所以，外部性又称外部效应或溢出效应，是指在没有市场交易的情况下，某单位的生产行为或某消费者的消费行为对其他生产单位或消费者的生产过程或生活标准产生了影响。或者说，外部性是一方对另一方的非市场影响，通过市场发生的影响不是外部性的。例如，他人抽烟会给你带来危害，但你却不能要求赔偿，你能获得他人所养鲜花带来的美的享受，但却不需要付费，这些都是外部性的表现。

根据外部性对他人福利造成的影响，可以将其分为正外部性（Positive Externalities）和负外部性（Negative Externalities）。正外部性也称为“外部经济”，负外部性也称为“外部不经济”。例如，若某一经济主体的经济活动给其他成员带来好处，但他却不能因此而得到补偿时，这种外部性便称为“外部经济”；若某一经济主体的经济活动给其他成员带来危害，但他却没有为此而支付成本时，这种外部性便称为“外部不经济”。正外部性意味着个人边际成本大于社会边际成本或个人边际收益小于社会边际收益；负外部性则反之。

对于食用农产品生产来说，某一农户的行为对其他农户、消费者、整个社会都会产生外部性，规范生产的农户会产生正的外部性，而不规范生产的农户则会产生负的外部性。在信息不对称的情况下，食用农产品生产农户规范的生产行为能给消费者、整个社会以及不规范生产的农户带来正的外部性，因为不规范农户也能免费“搭便车”。而食用农产品生产农户不规范的生产行为将给消费者、整个社会以及规范生产的农户带来负的外部性，由此导致规范生产的农户跟着“遭殃”，消费者的身心健康受到影响，整个社会福利水平下降。因此，作为政府及其相关部门，其职责就是尽可能地增加有利的正外部性，同时尽最大力量消除不利的负外部性，促使食用农产品质量安全水平不断提高。

四、农户行为理论

行为科学理论认为，人的行为都是在一定的社会环境条件下发生的，其影响因素有很多方面。农户是集经济与社会功能于一体的最基本单位和组织，是农民生产、生活、交往的基本组织单元（翁贞林，2008）。农户行为是指农户在特定的社会经济环境中，为了实现自身的经济利益对外部经济信号做出的反应（韦志扬，2007）。当前，关于农户行为的研究，主要有三个学派。

一是以西奥多·舒尔茨为代表的理性小农学派。舒尔茨认为，小农像任何资本主义企业家一样，都是“经济人”，其生产要素的配置行为也符合帕累托最优原则，小农经济是“贫穷而有效率”的（Schultz，1964）。波普金则认为，农户是理性的个人或家庭福利的最大化者，农户根据自身偏好和价值观评估行为的后果，然后选择能使其效用最大化的行为。由于上述两位学者的观点接近，因此学术界将其概括为“舒尔茨—波普金命题”。该学派强调小农的理性动机，认为农户的行为完全是理性的。因此，该学派认为，改造传统农业所需要的是合理成本下的现代投入，一旦现代技术要素投入能保证农户获得正的利润，则农户开展农业生产会以追求利润最大化为目标。

二是以恰亚诺夫为代表的组织生产学派。该学派认为，农户经济发展依靠的是自身劳动力，而不是雇佣劳动力。农户生产农产品主要是为了满足家庭自给需求，而并不是为了追求市场利润最大化。因而小农经济是保守的、落后的、非理性的、低效率的。农户在农业的生产过程中，追求的并不是利润和成本之间的平衡，不是为了追求利润最大化，而是满足自家消费需求和劳动辛苦程度之间的平衡，更像是追求效用最大化，这也更符合众多小农的生产实际。此学派的特点是强调坚守小农的生存逻辑，亦称“生存小农”学派。

三是以黄宗智为代表的历史学派。该学派认为，中国农户既不完全是恰亚诺夫式的生计农户，也不是舒尔茨意义上的利润最大追逐者。该学派在详细区别上述两种农户行为理论的基础上，认为中国小农是集三种身份于一体的综合体，即小农既是一个追求利润者，又是维持生计的生产者，还是受剥削的耕作者，三种不同面貌，各自反映出这个统一体的一个侧面①。黄宗智以此为基本观点对依赖家庭劳动力的小农的“过密化”现象进行深入研究，而“过密化”实质上是小农对抗大生产的一种行为选择。该学派认为，由于农户家庭没有边际报酬概念或受耕地规模的限制，以致农户家庭在边际报酬十分低下的情况下仍会继续投入劳

① 黄宗智．华北的小农经济与社会变迁（中译本）［M］．北京：中华书局，2004：5.

动。此外，由于家庭劳动剩余过多，加上缺乏很好的就业机会，所以农户劳动的机会成本几乎为零。

我国农户理论研究最早是费孝通先生1947年提出的“乡土中国”，并认为中国乡土社会的生活是富有地方性的。林毅夫（1988）、秦晖等（1996）、郑杭生（1996）、曹幸穗（1996）、陈春生（1996）等学者均对近现代中国农户的行为进行了研究。郑风田（2000）研究了“道义小农”和“理性小农”的缺陷，吸收了西蒙的有限理性假说和新制度经济学派的制度变迁理论，提出了小农经济的制度理性假说，认为不同制度下农民的理性有异质性，在完全自给自足的制度下，农民的理性是家庭效用最大化；在完全商品经济的市场制度下，小农行为追求的是利润最大化，是理性的“经济人”行为；而在半自给自足的制度下，小农既为家庭生产又为社会生产，此时的农民理性行为具有双重性，不同制度变迁的结果使小农的理性行为也发生变化。徐勇等（2006）从当今中国农村处于一个社会化程度高、土地均等化、税费全免等制度安排下的现实出发，提出了社会化小农理论假说①。同时，他认为中国农村改革开放以来，出现了两个显著的变化，一是按照人口均分土地，农户基本解决了生存问题；二是社会化程度迅速提高，渗透到了农户生产、生活、交往的各个环节、各个领域。小农约束条件由生存约束转为货币约束，小农经济伦理由“生存”伦理转为“货币”伦理，小农目标由生存、效用最大化转为货币收入最大化。

第三节　文献综述

围绕食用农产品生产领域农户道德风险问题，国内外学者展开了大量的研究。研究者借助委托—代理理论及信息不对称理论对生产环节食用农产品生产农户道德风险问题展开研究，得出了一些有价值的研究结论，对于提高食用农产品质量安全水平发挥着重要作用。但是，由于国内外农业发展水平以及食用农产品质量安全问题的差异，导致对农户道德风险行为的研究存在一些异同，具体在下

① 徐勇，邓大才．社会化小农：解释当今农户的一种视角［J］．学术月刊，2006（7）：5-13.

文阐述。

一、国外研究现状及发展动态

国外有关农户道德风险（Moral Hazard）的研究归纳起来主要集中在以下三个方面：

（一）对农户发生道德风险的动机解释

Sheriff 对美国农户道德风险发生进行了典型案例分析，并认为有三个原因增加了农户道德风险发生的可能性，即首先是农户对于政府制定的投入品使用标准过于保守的主观看法；其次是农业生产所需的各种投入品之间可以相互替代，在农户无法控制一些投入品的使用量时，则会以增加农药、化肥的投入来替代其他投入品；最后是天气、土壤特性等不确定性外部环境容易使偏好于风险规避和风险中立的农户增加化肥、农药等的投入（Sheriff，2005）。Ozanne 等的研究认为，政府作为农户生产行为的监督者，要做到对所有不安全生产行为实施规制是不可能的，并且受执行成本的约束，也不可能做到，这为农户道德风险的发生提供了条件（Ozanne et al.，2001）。此外，Starbird、Bontems 等人结合信息经济学的相关理论，指出安全农产品市场供求双方信息不对称的存在，使得消费者很难得知农产品真实的质量安全状况，并且即使消费者借助于抽样检查传递的信息来识别安全农产品，也难免有一些不安全的农产品逃脱检查，激发了道德风险发生的可能性（Starbird，2005；Bontems et al.，2006）。

（二）对农户道德风险的衡量

Shaik 和 Atwood 的研究表明，提高农业保险的参与率会对农业设备、家畜和其他投入品的使用产生负面影响。这种负面影响说明有道德风险存在，农业保险诱导农户投入更少的生产资料（Shaik and Atwood，2000）。Norbert 基于委托—代理理论分析了农户在政府规制下的机会主义行为，设计了政府—农户二元随机道德风险模型，并对不同农户道德风险行为进行了政策模拟，指出规制强度与农户道德风险发生呈负相关，农户道德风险发生的概率随政府规制强度不断调整（Norbert，2004）。Michael、Nigel 和 Erik 在对玉米、大豆和小麦三种作物保险数据的分析中证实了农户道德风险的存在，并得出了道德风险对平均收益率和产量差异率的影响力很小的结论（Michael，Nigel and Erik，2006）。Dubois 等认为农户道德风险发生的差异性取决于农户的风险偏好，通常来说风险规避型农户的机会主义行为较少发生，因此衡量农户道德风险应观察其保留效用值，也即保留效用较低的农户，其道德风险发生率就低，反之亦然（Dubois et al.，2009）。

（三）对影响农户发生道德风险的因素进行分析

Coble、Knight、Pope 和 Williams 采用预期补偿办法，从抽查堪萨斯州小麦种植农民的样本中发现，天气条件是影响农户发生道德风险的重要因素，当天气条件不好时，农民会发生道德风险行为；当天气条件有利时，农户道德风险行为发生的可能性就更小（Coble，Knight，Pope and Williams，1997）。Ramaswami 通过个体农户行为观察，认为影响农户道德风险的因素有保险契约的完备程度、农户风险偏好类型及技术的可获性（Ramaswami，1993）。Mitchell 等采用委托—代理模型框架对农户服从安全生产意愿行为进行分析，认为降低安全技术的采用成本、提高对安全生产监控的审查频率、加大违规处罚金额有助于减少农户道德风险行为的发生（Mitchell et al.，2004）。Vukina 在对美国家畜业生产研究后发现饲养规模、专业化程度、集中度、投入品分配及合同设置规则会影响农户过量投入化学用品的道德风险（Vukina，2007）。Norbert 研究了政府的规制强度与农户道德风险之间的关系，发现两者之间存在负相关关系（Norbert，2004）。Dubois 等研究了农户的风险偏好与道德风险之间的关系，发现风险规避型农户较不易发生道德风险行为（Dubois，2005）。Liu 研究了风险偏好对 Bt 转基因抗虫棉花品种选择和生产的影响，还发现风险规避程度高的农户会更多地施用农药（Liu，2013）。Gong 基于云南省实验数据发现，市场农户和生计农户风险规避程度差异较大，市场农户倾向于多施用农药，生计农户倾向于少施用农药（Gong，2012）。

但是，这些研究所强调的农户道德风险行为发生及防范并不是针对食用农产品生产农户，而更多关注的是农业保险中的农户道德风险，以及农户道德风险发生对生态环境的影响，如过量投入的化学品流失到土壤或挥发到大气中对环境质量的危害。因此，国际上开展的农户道德风险研究并不能完全指导我国食用农产品生产农户道德风险方面的研究，但这些研究仍不失为本书提供了较好的思路。

二、国内研究现状及发展动态

国内学者有关道德风险方面的研究比较多，但主要集中在企业管理、社会管理、人力资源管理、金融、保险、医疗等领域，专门针对农户道德风险的研究并不多，主要表现在以下几方面：

（一）对农户道德风险行为的概念进行界定

周峰等对政府规制下无公害农产品生产农户的道德风险行为进行分析，认为参加无公害农产品认证的农户不按照标准进行生产，却按照无公害农产品的价格出售而获取额外收益，就属于道德风险行为（周峰、徐翔，2007）。张利国认为农户在有机食品生产过程中施用化肥、农药即为道德风险行为（张利国，2008）。江南等基于委托代理理论模型分析奶制品供应链上的道德风险问题，认为从事经济活动的人在最大限度地增进自身效用的同时做出不利于他人的行动，或者当签约一方不完全承担风险后果时所采取的自身效用最大化的自私行为，被称为道德风险行为或道德危机（江南、刘秀丽、沈厚才，2009）。方秋平研究了安全农产品生产农户的生产行为，认为安全农产品生产农户挂着安全农产品的招牌却没有按照相应的安全标准进行生产即为道德风险（方秋平，2010）。陈友芳等运用信息不对称博弈理论审视我国现行食品安全监管机制，认为在食品生产领域，食品生产经营者利用自己的信息优势提供不安全的食品即为道德风险（陈友芳、黄镘漳，2010）。代云云等认为安全蔬菜种植农户不按照安全生产技术标准进行生产即为道德风险（代云云、徐翔，2011）。娄博杰认为，由于信息不对称的存在，一些农户大量使用抗生素、激素和高毒农药等，以增加作物产量或者改善产品外观，却给农产品质量安全带来了危害，这即是农产品生产环节的道德风险行为（娄博杰，2015）。

（二）对农户道德风险行为的表现进行描述

农户在生产食用农产品的过程中，其道德风险行为有以下一些表现：

（1）违反“生产订单”。在订单农业模式下，农产品生产受自然风险和市场风险的不利影响，农户为保障自身利益，从而违反订单中的相关规定，发生道德风险。程钢运用博弈论分析了订单农业违约风险中的道德风险行为，认为企业与农户存在机会主义行为即敲竹杠行为，这类道德风险行为主要表现为“以次充好”和“敲竹杠”（程钢，2006）。

（2）不遵守生产规程和标准。周峰等认为，安全农产品生产农户为降低生产成本、缩短生产周期、提高农产品产量，往往不按照规程和标准来生产，从而发生道德风险。例如，在无公害蔬菜、有机蔬菜的生产过程中，农户施用禁用农药，或者加大绿色农药的使用浓度和频率等（周峰、徐翔，2007）。代云云等（2011）认为，在安全蔬菜的生产过程中，农户道德风险行为突出表现为人为地提高农药配比浓度、病虫害严重时增加喷药的次数、收获时不考虑农药间隔期以及施用禁用农药中的一种或多种行为（代云云、徐翔，2011）。

（3）侵害安全认证农产品农户的权益。张利国通过对大量安全农产品生产农户的调研发现，在安全认证农产品的生产过程中，农户存在施用高毒农药，过量施用化肥、假冒安全认证产品、安全认证标志过期仍在使用等道德风险行为，以获取认证产品的高额利润，损害了真正生产安全认证农产品农户的利益（张利国，2011）。

（4）故意隐藏农产品的产量。张小燕认为，由于卖方与买方之间存在信息不对称，受经济利益驱使，农户会故意地隐藏农产品产量，然后在市场上以较高的价格将这些隐藏的产品卖出，购销商的正常生产将直接受到影响，为保证正常生产的进行，购销商可能被迫以更低的价格在市场购进比原来质量低的农产品，从而因为农户的道德风险行为影响到下一环节农产品的质量安全水平（张小燕，2008）。

（5）肆意降低农产品质量。张小燕认为，在信息不对称的情况下，由于契约的不完全性以及履约环境不完善，加上农户文化素质较低、社会责任不强等问题的存在，农户将有发生道德风险的强烈动机。这些农户在农产品生产过程中，其道德风险行为突出表现为过量施用化肥、农药和添加剂，使用合同中禁用的农药和添加剂，以及在不恰当的时期使用上述农业投入品等，从而导致农产品的质量低于合同规定的标准（张小燕，2008）。

（6）人为隐瞒提高农产品质量安全的方法。张小燕的研究发现，农户作为农产品的生产者，更了解农产品的性能，也拥有提高农产品质量安全水平的信息。但是，农产品质量的提高意味着更高的成本，如果收购方没有相应的激励机制（如价格、分红等），农户一般不会将这些信息透露给经营者，从而在一定程度上也制约农户提高农产品质量的积极性（张小燕，2008）。

（7）故意使用有害化学投入品。徐成德认为，农户受利益的驱使，容易发生投机行为，比如农户明知是有害物质，却仍用于农产品生产，导致农产品不安全（徐成德，2010）。

（三）对道德风险行为发生原因进行分析

卫龙宝等认为农户生产行为是形成农产品质量安全问题最为关键的人为因素，并从经济学角度，借助成本—收益分析法剖析了农户道德风险行为发生的原

因（卫龙宝、王恒彦，2005）。周峰基于委托—代理理论，分析道德风险问题，认为由于存在信息不对称，委托人观测不到代理人采取了什么行动，而只能观测到行动的结果，在这种情况下，代理人就可能会隐藏行动，即发生道德风险行为（周峰，2007）。王可山等认为，由于农产品质量具有经验品和信任品的特征，导致农产品市场上生产者和消费者之间有关农产品真实质量安全水平的信息不对称，生产者处于信息优势地位，而消费者则处于信息劣势地位，因而，生产者在质量安全选择行为上容易发生道德风险问题（王可山、李秉龙、赵剑峰，2007）。方秋平认为，农户在安全蔬菜生产过程中出现道德风险的主要原因在于农户追求短期利润最大化以及存在机会主义行为倾向，使得蔬菜中农药以及其他有害物质超标（方秋平，2010）。代云云等基于收购方视角对安全蔬菜生产农户道德风险行为进行研究认为，生产者对个人利益的追逐是发生道德风险行为的根本内在动机（代云云、徐翔，2011）。王景利基于制度视角和流通主体视角，借助结构方程模型，分析显著影响农户道德风险行为的因素，研究结果表明，由于制度宣传不够，加上制度内容不完善，道德风险问题很容易发生（王景利，2015）。

（四）对农户道德风险行为发生的影响因素进行分析

徐翔等基于委托—代理理论的分析框架，探讨了农户在无公害农产品生产过程中道德风险行为发生的影响因素，研究结果表明，未来收益的贴现率、政府收取的违规罚金、违规被发现的概率、违规生产得到的额外收益、不参加认证的收益等是影响道德风险发生的重要因素（徐翔、周峰，2007）。周峰等利用实证研究的方法，以江苏省331个无公害农产品生产农户的调查数据为依据，对农户道德风险行为进行计量经济分析，发现部分无公害农产品生产农户存在道德风险行为，没有按照无公害生产标准进行生产，研究结果表明，农户的性别、家庭结构、种植面积、无公害农产品收入占比、质量安全控制培训、农业合作组织、商品化程度、对食品安全的担心以及对监管和违反标准生产处罚的了解程度是影响无公害农产品生产农户道德风险行为的主要因素（周峰、徐翔，2007）。王可山等通过数理模型分析及案例印证认为，生产者每期获得的收益、违规生产可能获得的额外收益、被发现的概率、被发现支付罚金后获得的收益、生产时期等因素与食品生产者的道德风险行为密切相关（王可山、李秉龙、赵剑峰，2007）。张利国研究了有机食品生产农户的生产行为，计量分析表明，生产面积大小、农户农产品质量安全培训参加情况、农产品购销合同签订情况、农业生产技术指导接受情况、政府监督管理的严格程度以及农户对有机食品的了解程度等因素显著影响有机食品生产农户道德风险行为的发生（张利国，2008）。代云云等通过对江苏省 550 个安全蔬菜种植农户的问卷调查，运用 Probit 模型，从蔬菜收购方角度出发，分析了农户道德风险行为的影响因素，研究结果表明，安全蔬菜的年收入量与年投入量、收购方的检测力度、责任追溯能力、惩罚力度及销售渠道等，对农户道德风险行为有显著影响（代云云、徐翔，2011）。方秋平等从农业生产组织的视角，通过对江苏省 490 户安全蔬菜生产农户的调查，运用二元 Logistic 回归模型对影响农户道德风险行为的因素进行分析，研究结果表明，安全蔬菜生产农户参加的农业生产组织类型、组织对农户生产安全蔬菜的检查、组织对农户农药购买和农药施用情况的监管、组织对农户违规生产的处罚以及处罚的严格度对农户道德风险行为的发生有显著影响（方秋平、徐翔，2011）。谭颖以湖北省恩施市蔬菜产业为例，运用二元 Logistic 回归模型，分析农产品安全生产中不同因素对农户道德风险行为的作用情况，研究结果表明，农户道德风险行为受农户个人特征、家庭特征、生产环境特征及农户对安全生产的认知等方面的综合影响（谭颖，2012）。张利国等借助半参数 Logistic 回归模型，通过对全国 389 户食用农产品生产农户的生产行为进行分析发现，43.2%的农户发生了道德风险行为，实证分析表明，我国农村的传统文化负向显著农户道德风险行为的发生，看重农村传统文化并认为传统文化有约束力的农户，其道德风险行为发生的可能性越低，实证结果验证了农村的非正式制度对农户道德风险行为有显著影响（张利国、李学荣，2016）。张利国等以江西、安徽、河南及江苏 4 省 389 户蔬菜种植农户调查数据为样本，采用结构方程模型研究农户道德风险行为发生的影响因素，研究结果表明，农户态度、政府规制以及非正式制度 3 个潜变量负向显著影响农户道德风险行为（张利国、李礼连、李学荣，2017）。

（五）有关防范道德风险行为发生的对策方面的研究

王瑜等从制度变迁角度阐述农户对道德与经济利益取舍时关于农产品质量控制行为的内在机理和互动关系，强调要大力发展和引入农民合作经济组织，依靠农户间互相监督作用约束农户行为，加强诚信道德体系建设和诚信道德教育，建立和完善以农户为主体的农产品质量追溯体系，加强对农产品销售中介组织的监管力度，减少因中间流通环节的不道德行为而产生的农产品质量控制问题（王瑜、应瑞瑶，2010）。方秋平认为，加强激励和严格约束是防范安全农产品生产

农户道德风险的有效途径（方秋平，2010）。张利国等认为，应从提高农户对农村环境污染和农产品质量安全的认知、加大政府对农业生产活动规制力度、充分发挥农村非正式制度约束力等方面防范农户道德风险行为的发生。

尽管这些研究已开始关注农户道德风险，但缺乏对农户道德风险发生内在机理的系统梳理，其理论分析相对比较欠缺。农户道德风险的发生是一个十分复杂的决策过程，其发生与否不仅受到经济、社会、法律、正式制度等因素的影响，而且道德文化、社会习俗、村规民约等非正式制度也可能对其产生影响。已有研究大都仅从某一方面进行了探讨和分析，影响因素考虑不够全面，导致得出的结论缺乏科学性、完整性，且对我国农户农业生产活动的指导价值不大，难以有效防范农户道德风险行为，也不利于从源头确保食用农产品质量安全。

三、文献述评

国内外已有成果对农户道德风险进行了有益探索，为本书的开展奠定了良好的基础。但国外的研究主要基于发达国家背景，更多关注的是农业保险中的农户道德风险，以及农户道德风险发生对生态环境的影响，并不是针对食用农产品生产农户，因此，不能完全指导我国食用农产品生产农户道德风险方面的研究。而国内已有研究对农户道德风险的发生机理缺乏系统的理论梳理。同时，对农户开展食用农产品生产时可能受到的约束因素考虑不足，导致研究与当前我国农业生产的实际情况不太符合。此外，实证研究也仅仅是就某一方面进行分析和探讨，调研对象多为局部某区域，所获取数据的有效性和代表性不足，分析过程缺乏严谨性，得出的结论缺乏科学性和完整性。再加上对农户道德风险行为发生机理的认识不足，导致所提出的对策建议难以有效防范农户道德风险行为的发生。

当前，伴随着我国经济社会的快速发展以及农业、农村各项改革的深入推进，农业生产的外部环境已发生巨大变化，农户开展农业生产时面临的内外部约束条件也发生了变化，前人研究得出的结论及提出的对策建议已不适合用来指导农户农业生产活动。此外，前人的研究未对农户开展农业生产时所面临的内外部约束因素进行准确分析，导致研究情况与现实存在偏差，研究结果不准确。在现实当中，农户开展农业生产时受到诸如农户个人特征、农户家庭特征、竞争者（其他农户）行为、市场主体（收购方）、农业合作组织、农村集体组织、政府规制等多种内外部因素的综合影响。因此，本书将在借鉴吸收国内外已有研究成果的基础上，从农户视角研究食用农产品生产过程中道德风险行为发生的内在机理，并提出农户道德风险行为的防范机制及对策建议。本书将全面考虑对农户行为可能有影响的主体及其对农户行为的影响，合理地设计调查问卷，然后开展实地调研，获取实证分析所需的数据，了解食用农产品生产农户道德风险行为的发生情况，通过实证分析得出影响食用农产品生产农户道德风险行为发生的主要因素。在此基础上，从经济、社会、制度及法律四个视角探讨食用农产品生产农户道德风险行为防范机制的建立，并从农户自身、政府及农业合作组织三个层面提出防范道德风险行为的具体措施，为提高我国食用农产品质量安全水平提供理论依据和实践支持。

第四节　农户人性假设

一、前人对农户人性假设的认识

所谓“人性”，是用于区别人与动物的全部基本属性，是人在现实生产生活中所表现出来的特有且共有的本质规定性。而人性假设，则是指人们对人的本性和共有行为模式的一种设定，反映了人们对人的本质和行为特征的基本认知和判断。农户是农村最基本的组织单位，是一种特定的组织，在这一组织中，家庭成员按照一定的劳动分工进行生产与生活，并共同占有财产。农户行为具有行为的一般属性。

另外，对农户人性进行合理且准确的假设，是研究农户行为的前提。农户是食用农产品生产者，没有准确地把握农户的人性就不能有效地探究影响农户生产行为的因素。从已有的研究来看，多数是关于农户的理性学说，这些研究成果都是基于对亚当·斯密“理性经济人”的继承或质疑而得出的，存在着以下几类不同的观点：以舒尔茨、波普金为代表的学者认为农户是追求效益最大化的理性人，而以韦伯、波耶克为代表的学者却认为传统农户行为是非理性的，而以恰亚诺夫、斯科特为代表的实体主义者坚持农户的生存理性学说。三派各持己见，但从总体上来说，都是在特定情境或特定时代从某些方面来研究农户行为，虽存在

局限性，但也较好地反映出当时农户行为的基本情况。随着研究的深入，学者们不断丰富对农户行为假设的认识。我国学者郭于华认为，对农户行为的分析必须放在其特定的、具体的生存境遇、制度安排和社会变迁的背景中进行（郭于华，2002）。陈庆德也认为，农户经济行为的选择，在很大程度上依赖于社会所能提供的制度支持（陈庆德，2001）。郑风田则认为，适宜的制度导致农民的理性行为，不适宜的制度导致农民的非理性行为（郑风田，2000）。

人不是完全理性的，正如思想家维科所言“人并不能理智的胜任一切”。新制度经济学家西蒙提出了“有限理性”的假设为大多数学者所认可的。西蒙认为，由于行为人面临的决策情境是不确定的、复杂的、不完备的，因此完全理性不能实现。另外，由于决策人本身认知的局限性以及处理加工信息能力的有限性，行为人只能近似地做出理性决策，也就是“有限理性”代替“完全理性”。那种无限放大经济行为人的完全理性学说，既是对市场的无知表现，也是对行为人的误解（薛求知，2003）。威廉姆森赞同西蒙的观点，同时他也提出，现实经济生活中的人更像是“契约人”，具体表现为有限理性和机会主义行为，即一方面，行为人主观上追求理性，但客观上只能有限地做到这一点的行为特征；另一方面，行为人可能采取机会主义行为，欺诈性地追求自身利益。

二、本书提出的农户人性假设

在准确提出农户人性假设之前，研究农户行为所处的现实社会背景很有必要。我国已连续多年发布“中央 1 号文件”，制定和实施了大量的惠农政策，加上近几年推进的农业供给侧结构性改革，农业生产进入高成本时代，农村土地正处于快速流转期。在这种背景下，我国农户行为也发生了重大变化，具有显著的中国化时代特色。结合我国经济社会和“三农”发展实际情况，分析农户行为，有很强的现实意义。一方面，农民行为是理性的，具有比较明确的动因和目标，农户会根据市场行情、家庭结构、收入预期的变化，及时调整自己的生产决策，试图找到最理性的方案，尽管最终结果可能并非完全符合预期，但并不能由此而否定其行为选择过程的理性成分，只是由于其拥有的信息不充分，认知能力和计算能力的有限性所导致。另一方面，农户行为选择也不可能完全按照经济利益最大化的思路来确定，因为其生产行为存在很多的外在不确定性，且农户进行计算和处理信息的能力是有限的，其更多的是根据往年的经验以及其他农户的选择，具有有限理性。

本书的研究对象是农户，农户是由血缘组合而成的一种社会组织单位。农户的生产行为非常复杂，受多种因素共同影响。对于我国农户而言，其农产品生产行为是在特定的社会环境下做出的，受到诸如道德良知、政府规制、认知水平、家庭条件、社会规范等因素的约束，是农户内部自律与外在约束共同作用的结果。总体而言，农户开展农业生产活动，首先是为了实现自己的目标，是一种自利行为，表现为追求产品产量、经济收益的“理性行为”，是一种个人理性。但是，农户这种“理性行为”为达到理性的结果，却会采纳一些“非理性行为”，比如，农药、化肥及非法添加剂的过量施用，并最终导致食用农产品中农药残留超标，严重影响食用农产品质量，进而引发个人理性与集体理性的冲突。农户之所以采纳“非理性行为”，与其自身的文化程度、社会环境等因素有关，是农户在追求效益的过程中，在各种条件限制下进行衡量与选择的结果。但必须强调的是，并不是所有的农户都会采纳“非理性行为”，也有部分农户会严格按照食用农产品安全生产规范开展农业生产活动，说明并不是所有农户都以追求利益最大化为目标。

根据上述分析，结合亚当·斯密对“经济人”及“道德人”的阐述可知，农户既是理性经济人，以利己为特征，具体表现为追求自身利益的最大化。同时，农户又是道德人，以利他为特征，具有一定的社会道德观念，具体表现为追求社会福利的最大化。农户在利己的同时，为他人生产食用农产品，其实就是一种利他的表现，而农户在利他的同时，能更好地实现利己的目标，因此，农户是“经济人”和“道德人”的和谐统一体。农户的生产行为并不是为了追求利润最大化而只表现出损人利己的一面，而是为了实现整个社会福利最大化还有利他的一面。至于农户是先利他再利己，还是先利己再利他，还是完全利他，则与农户的受教育程度、风险偏好、对食用农产品质量认知、对政府规制、对农村非正式制度等的认知有关，这些都可能是当前我国农村影响农户生产行为的重要因素。

综合国内外已有的研究成果，结合我国农户所处的社会大环境，本书认为，农户是有限理性经济人更加符合实际情况，农户是利己与利他的结合体。另外，农户从事农业生产活动，肯定有行为动机，比如为了获取收益，因此是利己的。但是，农户完全利己也不现实，因为如果农户完全不考虑后果，比如所生产的食用农产品因对消费者身心健康造成危害而没有消费者购买，那他自己的目标也无法实现。所以，其在开展农业生产活动过程中，也会把消费者的利益考虑进去，只有利他了才能更好利己，否则利己只是一厢情愿，根本无法实现。也就是说，现实中的农户开展农业生产行为也会考虑外在因素对其行为的影响，并不是完全理性经济人所说的自私自利、唯利是图、贪得无厌。也正因为农户是有限理性经济人，才有通过加强对农户的教育，通过政府以及组织等来引导农户采取合理规范行为的可能。因为如果农户是完全理性的，则其行为动机与目标就是利益最大化，全然不顾对他人的不利影响，政府来明的，农户就来暗的，这类农户行为的改变根本不可能，因而无法保证食用农产品质量安全。所以，农户有限理性的人性假设更合理，因此本书假设农户从事食用农产品生产行为具有有限理性。

第三章　我国食用农产品质量安全形势：现状、问题、成因及影响

第一节　我国食用农产品质量安全的现状

民以食为天，食用农产品质量安全是食品安全的源头，直接关乎老百姓的身心健康甚至生命安全。党的十八大以来，与食用农产品质量安全相关的法律法规和管理制度机制日益完善。《食品安全法》《农药管理条例》《兽药管理条例》等修订完善，最高人民法院、最高人民检察院出台了食品安全刑事案件适用法律的司法解释，把生产销售使用禁用农兽药、收购贩卖病死猪、私设生猪屠宰场等行为纳入了刑罚范围。安全优质食用农产品是管出来的，更是产出来的。党的十八大以来，全国各地共创建蔬菜水果茶叶标准园、热带作物标准化生产示范园、畜禽标准化示范场和水产健康养殖示范场 11280 个，“菜篮子”大县龙头企业、合作社和家庭农场基本实现“按标生产”。随着监管力度不断加码、加上生产能力不断提升、科技水平不断进步，我国食用农产品质量安全状况持续向好，并达到较高水平。根据英国经济学人智库发布的《2017 全球食品安全指数报告》，中国在 113 个被评估国家中综合排名第 45 位，其中在食品质量与安全方面排名第 38 位，处于中上等水平。

一、食用农产品质量安全水平总体向好

“舌尖上的安全”是老百姓普遍关心的问题。近年来，相关部门通过完善法律法规、实施奖励政策、强化监督管理等途径，以确保食用农产品质量安全。当

前，我国食用农产品质量安全水平总体上稳中趋好。从农业部在全国各地抽样检测的数据来看，2017 年，我国主要食用农产品例行监测总体合格率为 97.8%，同比上升了 0.3 个百分点，其中，蔬菜、水果、茶叶、畜禽产品和水产品抽检合格率分别为 97.0%、98.0%、98.9%、99.5% 和 96.3%，畜产品“瘦肉精”抽检合格率为 99.8%。此外，检测数据还表明，我国三聚氰胺连续 8 年监测全部合格，“瘦肉精”监测合格率处于最好水平，高毒农药和禁用兽药得到较好控制。与 21 世纪初相比，蔬菜、畜产品、水产品例行监测合格率已从约 60% 提高到 96% 以上，这些充分说明了我国食用农产品质量安全水平正处于持续向好的发展态势。

表 3－1　近年主要食用农产品抽检合格率　　单位：%

年份	蔬菜	水果	畜禽产品	水产品	茶叶
2014	96.3	96.8	99.2	93.6	94.8
2015	96.1	95.6	99.4	95.5	97.6
2016	96.8	96.2	99.4	95.9	99.4
2017	97.0	98.0	99.5	96.3	98.9

数据来源：根据质检总局食用农产品抽样检测数据整理而得。

二、安全食用农产品的比重显著上升

随着我国经济社会的快速发展，老百姓对安全食用农产品的需求日益增加。为此，国家先后制定了安全食用农产品生产标准和认证办法，鼓励符合条件的农业企业申请相关安全食用农产品认证，大力生产安全食用农产品，满足日益增加的市场需求。当前，除常规食用农产品外，我国食用农产品市场上还有其他安全食用农产品，如无公害农产品、绿色食品、有机农产品、地理标志农产品，即“三品一标”① 食用农产品。“三品一标”食用农产品提升了食用农产品品质和核心竞争力，进而促进了农业增效、农民增收。

当前，老百姓消费观念逐步升级，绿色、有机、新鲜、营养的农产品深受越

① “三品一标”也被称为我国安全优质农产品公共品牌。

来越多老百姓的青睐，具备这些特征的“三品一标”农产品成为当前市场普遍认可、备受欢迎的安全食用农产品。据农业部最新统计数据，目前全国已认证无公害农产品、绿色食品、有机农产品和地理标志农产品的总数达 12.1 万个，比 2010 年增加 55.7%，产品产量、生产面积、获证主体数量等均有大幅度增长。其中，产品总量占全国食用农产品商品总量的 40% 以上，覆盖农产品及加工食品的 1000 多个品种，认定的种植业产地占全国耕地 45% 以上①。此外，“三品一标”农产品跟踪抽检合格率连续多年保持在 98% 以上，2014 年无公害农产品抽检总体合格率为 99.2%，绿色食品抽检合格率 99.5%，有机农产品抽检合格率 98.4%，地理标志农产品连续 6 年重点监测农药残留及重金属污染合格率保持在 100%②。一大批优质安全的农产品摆上了超市货架和百姓餐桌，更好地适应了城乡居民多元化、个性化的消费需求。

三、政府监管力度逐渐加大

据统计，每天我们吃的食品 70% 是鲜活农产品，食品加工 90% 以农产品为原料。从田间地头、猪圈鱼塘到食用农产品收购、储运环节，农业部门正以“最严谨的标准、最严格的监管、最严厉的处罚、最严肃的问责”回应群众关切，全方位、多角度加大对食用农产品生产的监管，努力保障“舌尖上的安全”。一是明确组织建设和职能分工，制定一系列规章制度，建立农业标准化体系，实施安全生产推进行动，加强质量安全监测；二是逐步完善法律法规和制度机制，大力推进农兽药使用及残留、违禁物质“瘦肉精”等非法添加、生鲜乳、兽用抗生素、生猪屠宰、“三鱼两药”、农资打假等 7 个专项整治行动，持续加强监测预警，创新监管模式，推进国家食用农产品质量安全县创建；三是建立全国统一的食用农产品质量安全追溯体系，目前追溯试点工作已经开展，生猪和绿色、有机、地理标志农产品已优先纳入追溯范围，规模化农产品生产企业、合作社、家庭农场已成为追溯重点；四是实施“化肥农药减量增效”工程，严格投入品监管，开展专项整治，强化全程监管，通过设定化肥农药零增长目标，减少化学投入品对农业生态环境的危害，减轻农业面源污染，确保食用农产品质量安全；五

① 引自《农民日报》。

② 全国绿色食品总数超 2.1 万个［EB/OL］. 中国政府网，http://www.gov.cn/xinwen/2015-03/19/content_2836219.htm.

是积极推广绿色防控技术，实施病虫害专业化统防统治和绿色防控融合示范基地建设；六是出台“史上最严”的《食品安全法》，并于2015年开始实施，给“米袋子”“菜篮子”“果盘子”筑起了一道法律防火墙；七是修订《农药管理条例》，并于2017年6月1日起施行，对农药生产、经营、使用进行一体化监督管理，以保证农药质量、保障农产品质量安全；八是推行食用农产品合格证管理制度，制定《食用农产品合格证管理办法（试行）》办法，并在河北、黑龙江、浙江、山东、湖南、陕西六省开展为期一年的食用农产品合格证管理试点工作，通过建立“农田到餐桌”全过程监管机制，明确生产经营主体第一责任，有效防止“问题食用农产品”走出田间地头，从源头确保了食用农产品质量安全水平。

党的十八大以来，全国各级农业部门共查处各类问题17万余起，查处案件6.8万件，有效形成执法监管的震慑力。截至目前，全国所有省份、88%的地市、75%的县和97%的乡镇都建立了农产品质量安全监管机构，落实监管人员11.7万人；全国共有部、省、地、县级质检机构2770个，检测人员3.5万人，基本实现了部、省、地、县全覆盖。已制定农药残留限量标准5450项，兽药残留限量标准2087项，基本覆盖我国常用农兽药品种和主要食用农产品，制定发布农业行业标准5704项，基本实现了“有标可依”。此外，农药用量连续3年负增长，自2002年以来，农业部已禁用了22种高毒农药，高毒农药占登记产品比例从2007年的35%降到了2017年的2%以下。同时，实行高毒农药定点经营，专柜销售、实名购买、购销台账，并禁止通过互联网经营销售高毒农药，严格限制高毒农药使用，不得用于果、菜、茶生产。

第二节　我国食用农产品质量安全存在的突出问题

目前，我国食用农产品总体是安全的，是可以放心食用的。但不可否认的是，食用农产品质量安全风险隐患仍然存在，一些地区、个别品种上还比较突出，个别食用农产品质量安全事件还时有发生。这里面既有我国农业生产规模小、经营方式落后的原因，又有违法成本低、处罚不到位的问题，也和我国食用农产品质量安全工作起步晚、力量弱、个别地方工作不到位有密切关系。当前，在我国食用农产品生产环节还存在一些亟待解决的问题，比如，农户出于自利发生道德风险行为的局面难以遏制，区域性农业生产环境被严重污染的现状难以改变，食用农产品粗放的生产方式难以调整，这些问题的发生直接影响着我国食用农产品的质量安全水平。

一、农户道德风险行为难以遏制

近年来，受利益驱使，农户为片面地追求产量和卖相，滥用农业投入品、人为掺杂使假等现象仍有发生，严重影响食用农产品质量安全水平。在全国多地调研时发现，多数农户在明知不规范农药施用行为对食用农产品质量安全不利的情况下，仍然发生不规范农药施用行为，引发严重的道德风险问题。虽然相关部门不断加大监管力度，但农户道德风险行为仍然难以遏制，突出表现在以下几种情况：

（一）人为提高农药配比浓度

一般而言，食用农产品种植农户在购买农药时，农药经销商会告知农户如何配制农药。此外，农药施用剂量比说明书上也有规定的农药配制比例和配制步骤等。但是，受农药认知及农药施用习惯的影响，加上缺乏农技部门的合理指导，为取得更好的病虫害防治效果，农户往往不按照说明书或他人推荐方法施用农药，更多的是凭个人主观意向施用农药，最终的结果是人为提高了农药配比浓度，导致食用农产品农药残留超标。

调研时发现，在农户施用农药时，不仅器械简易落后，而且农药配制过程简单快速，农户直接在田地附近的水渠取水，然后把好几种农药分别倒入手动喷雾器里进行混合，整个过程农户表现得非常娴熟，也根本不看农药包装说明书。当问及如何把握农药配比浓度时，农户的回答是凭经验或多放药剂少用水，以达到更好的效果。甚至有农户在施用农药时完全不考虑配比浓度，这些农户一是不懂如何配制，二是认为这样操作麻烦费时，只是主观觉得药量重比药量轻好。

（二）过量施用农药

为了保证农作物的正常生长和收益，农户需要经常喷洒农药，杀灭各种害虫和病菌。特别是在病虫害高发季节，如果不施用农药，短短几天内害虫就会使新长出的叶片、嫩芽等卷曲、萎缩，甚至停止生长，使将要成熟的农作物（比如蔬菜）出现残缺从而影响售价，为此农户往往大剂量、多品种、重复喷洒农药。之所以农户一次性多品种农药混合在一起施用，其原因在于农户清楚这些农药早晚都要施用，为图省事，与其多次施用，不如一次施用完。此外，由于农户所施用的农药品种有限，随着施用时间的延长，害虫抗药性增强，因此农户只能通过加大用量来达到效果。这样一来，抗药性进一步增强，于是出现恶性循环，最终导致农户过量施用农药。

调研时发现，多数蔬菜生长的“一生”其实是与农药一起度过的“一生”。比如，一根豆角被“喂”多达11种农药，一个茄子一次性混打4种农药。这些农药包括杀虫剂、杀菌剂、杀螨剂3大类11种，不仅种类多，而且用量大、次数多，最终导致蔬菜农药残留超标。

（三）收获间隔期内施用农药

由于病虫害的发生没有规律性，加上之前农药施用效果不理想，在食用农产品采摘期内，病虫害可能再次发生。如果不采取合理措施，因病虫害再次发生可能导致农户绝收。因此，虽有些农户对采摘期内不能施用农药心知肚明，但为了确保获得种植收益，农户最终选择在收获间隔期内施用农药。随后这些农药残留超标的食用农产品经过批发商以及零售商等进入市场，然后卖给消费者。

调研时发现，在部分地区，刚喷过农药的蔬菜第二天就被农户采摘下来，运往市场销售。有些蔬菜甚至一天施用一次农药，未达安全间隔期就采收。以夏天种植的小白菜为例，由于病虫害太多，虽农药经销商建议农户隔几天施用一次农药，要有安全间隔期，但农户只要看到害虫，便开始施用农药，最终带来食用农产品质量安全隐患。

（四）施用禁用农药

为迎合小贩或批发商对食用农产品品相的要求，不少农户在食用农产品种植过程中会刻意施用农药。为达到理想的病虫害防治效果，农户不仅过量、超范围、多品种施用农药，而且施用高毒、高残留农药，甚至施用国家明令禁止施用的禁用农药，给农业生态环境和农户生命安全以及消费者身心健康带来了潜在威胁。

调研时发现，当前蔬菜种植农户施用的农药品种有近40种，其中不少还是国家明令禁止的高毒甚至剧毒农药。以甲胺磷为例，虽然这种农药已经于2007

年被禁用，但在蔬菜的种植过程中，当前该种农药仍有施用。在一些农户的蔬菜种植地，各种使用过的农药包装物随处可见，其中有不少是国家限用的中等毒性农药和禁用的高毒农药，如甲拌磷、克百威、呋喃丹、水胺硫磷、甲基异柳磷等。此外，在蔬菜上已经被撤销登记的毒死蜱[①]农药，仍然被一些农户经常反复使用。

此外，实地调研还发现，目前生产环节安全食用农产品生产农户还存在以下一些道德风险行为，比如人为降低认证标准、过期了的认证标志继续使用、认证标志的使用范围被肆意扩大以及花钱购买认证标志等。

上述道德风险行为的发生不仅影响到按标准生产农户的利益，而且严重扰乱我国安全食用农产品市场秩序，导致消费者行为的逆向选择，进而影响到整个安全食用农产品市场上生产农户的行为，诱发更严重的道德风险行为，出现“劣币驱逐良币”的现象，危害着我国安全食用农产品市场秩序的建立，最终损害的还是广大消费者的利益。

二、农业生态环境污染严重

食用农产品的优良品质离不开良好的农业生态环境。农业生态环境是指农作物生长过程中必不可少的各种自然及人工改造的环境总体，包括土壤、水体、大气和生物等[②]。当前，随着经济社会的发展以及人口的快速增长，城市工业污染物和生活垃圾大量转移到农业生态环境中，加上长期以来农业粗放的生产方式，诸如化肥、农药等化学物质被用于农业生产，导致在我国某些区域，农业生态环境正面临着一系列严重的环境污染和生态破坏问题。农业生态环境各要素受污染直接或间接地影响到农作物的正常生长及食用农产品品质，导致农作物体内富集着一些有毒有害物质，对我国食用农产品的质量安全以及农业的可持续发展能力造成严重影响。

（一）土壤污染

没有优质的土壤，何来安全食用农产品。2016 年 11 月 8 日，环保部发布

① 毒死蜱，属于中等毒性的杀虫剂。农药残留验证试验结果表明，毒死蜱即使按照规定的方法和剂量使用，仍然存在农残超标的风险，因此在 2013 年，农业部发布第 2032 号公告，决定自 2014 年 12 月 31 日起，撤销毒死蜱在蔬菜上的登记。我国《农药管理条例》第三十六条规定：任何单位和个人不得生产、经营和使用国家明令禁止生产或者撤销登记的农药。

② 摘自《安徽省农业生态环境保护条例》第二条。

《农用地土壤环境管理办法（试行）（征求意见稿）》，明确规定，不符合环境质量标准的土地禁止种植食用农产品。土壤污染直接影响着农作物的正常生长，最终导致农作物减产。更为严重的是，土壤中的某些污染物会被农作物吸收甚至富集，这直接影响到食用农产品的品质。这些食用农产品被长期食用后，消费者的身体健康将受到严重危害。此外，土壤一旦受到污染，对农作物的危害是长期的，其修复是一个漫长的过程。

当前，我国土壤污染问题非常严峻。据环保部《全国土壤污染状况调查公报2015》显示，我国耕地的土壤环境质量日益恶化，全国土壤总的超标率①为16.1%，其中耕地点位超标率19.4%，土壤镉超标率7.0%。此外，我国耕地重金属污染严重，目前受重金属污染的耕地有1.8亿亩，占18亿亩耕地的10%，污染大多集中在南方地区。食用农产品中超标的重金属元素主要为镉、砷、汞、铅，全国每年有1200万吨粮食被重金属污染，有近30%的蔬菜和水果重金属含量超过食用农产品质量限值。

（二）水污染

农作物的生长离不开水，水体的质量好坏直接影响到农作物的品质。当前，我国水污染问题异常严峻，污染主要源于工业废水、城市及农村生活污水、农业及畜牧业面源污染。随着工业发展、城镇化提速以及人口数量的膨胀，大量工业废水及生活污水排入江河湖泊，给水体和附近的人、畜及其他生物都带来巨大危害。用含有汞、铬、镍、铜、铁和氮、酚等有害物质灌溉庄稼，庄稼不是枯萎，就是籽粒含有毒素，严重影响到工农业生产和人民的身体健康。此外，农村环境逐渐恶化，由于缺乏统一处理设施，农村生活污水直接排入地表或沟渠，水污染呈现出迅速恶化趋势，对农业生态环境造成巨大危害。再加上农业生产活动大量施用的化肥、农药，未被作物吸收的部分被土壤吸收，并通过地表径流进入自然水体当中，随着雨水、灌溉进入周边水体，造成严重的农业面源污染。另外，畜禽养殖业的规模化养殖也带来了严重的污染问题，畜禽排泄物严重污染养殖场周边的土壤及水体，给农业生态环境带来了巨大的压力。

---

① 超标率是指土壤超标点位的数量占调查点位总数量的比例，比如检查1000个点位，有5个超标的，点位超标率就是0.5%。

据《2014 中国环境状况公报》显示，我国水污染形势同样严峻。2014 年，废水中化学需氧量①排放量 2294.6 万吨，其中，农业源化学需氧量排放量为 1102.4 万吨，农业面源污染已成为我国水体污染最大的来源。废水中氨氮排放量 238.5 万吨，其中，农业源氨氮排放量为 75.5 万吨，仅次于城镇生活氨氮排放量。

（三）大气污染

大气环境质量也会影响农作物的生长及食用农产品品质。当前，我国大气污染形势严峻，这与我国工业生产、农业生产、交通运输、居民日常生活等活动密切相关。目前大气污染物有 100 多种，分为颗粒状污染物和气态污染物两大类，主要包括二氧化硫、氮氧化物、氟化物、悬浮颗粒物、温室气体等。据《2014 中国环境状况公报》显示，大气污染中的主要污染物排放量二氧化硫为 1979.4 万吨、氮氧化物为 2078.0 万吨，其来源如表 3 –2 所示。

表 3 –2　2014 年全国大气污染主要污染物来源

二氧化硫（万吨）				氮氧化物（万吨）				
排放总量	工业源	生活源	集中式	排放总量	工业源	生活源	机动车	集中式
1979.4	1740.3	233.9	0.2	2078.0	1404.8	45.1	627.8	0.3

数据来源：《2014 中国环境状况公报》。

另外，大气污染物中的二氧化硫、氟化物等对植物会产生严重的危害。这种危害会因污染物的浓度不同而有所差异。当大气中污染物的浓度较高时，会对植物产生急性的危害，导致植物的叶表面出现伤斑甚至出现叶片脱落，最终使植物死亡；当大气中污染物的浓度不高时，则会对植物产生慢性的危害，导致植物的叶片褪绿，并直接影响到植物的生理，最终出现植物产量下降以及品质变坏。由于大气污染，很多安全食用农产品，即使土壤、水体、生产技术等都达到安全食用农产品的标准和要求，但由于其所处的大气环境受到污染，品质也难以达到标

① 所谓化学需氧量（COD），是指在一定条件下，采用一定的强氧化剂处理水样时，所消耗的氧化剂量。它表示水中还原性物质多少的一个指标。水中的还原性物质有各种有机物、亚硝酸盐、硫化物、亚铁盐等，但主要的是有机物。因此，化学需氧量（COD）又往往作为衡量水中有机物质含量多少的指标。化学需氧量越大，则说明水体受有机物的污染越严重。

准。比如，种在高山上的茶叶、蔬菜等，土壤没有受到重金属污染，可检测后却发现重金属超标，这与大气污染有关，由于叶片对大气污染物质的吸收和积累所致。

（四）其他污染

除上述污染外，农户在从事农业生产活动中，也会有意或无意地对农业生态环境造成破坏。比如，农业生产机械化带来的废气污染及农机用油污染、因育种及温室栽培等大量使用薄膜造成的农用塑料残膜污染、因畜禽规模化养殖带来的畜禽粪便污染、因燃烧秸秆造成的大气污染等，这些也会直接或间接地对农业生态环境造成破坏，并最终影响到食用农产品的品质。

三、化肥、农药等化学物品过量施用

20 世纪 80 年代以来，我国粮食产量连年增产，这其中，化肥和农药功不可没。但受粗放农业发展方式的影响，因化肥、农药过度投入而带来的农业面源污染已成为我国第一大污染源。为了提高产量，农作物耕种密度、种植强度都大幅增加，为保证土壤肥力，大量施用化肥成为首选。由于化肥施用过量，超出的这部分便残留在土壤里，流失到水体中，造成面源污染。而由于密度和强度的增加，加上气候的变化，农作物病虫害呈多发、频发、重发态势，又使得农药的需求量大幅上涨。加之农药施用器械落后、施用技术普及不到位等原因，导致农药利用率过低，“跑冒滴漏”问题严重，这又诱发农药的过量施用。数据显示，我国农药平均利用率仅为35%左右，比发达国家低 10～20 个百分点。近年来不断爆发的“舌尖上的安全”事件，大多是因为源头上的食用农产品就存在问题，“毒韭菜”“毒生姜”等更是如此。

（一）过度施用化肥

我国存在着明显的化肥过度施用的情况。改革开放后的 1980 年至今，我国化肥施用量增长了 4.5 倍，而同期粮食产量仅增长了 82.8%，化肥施用量的增速远远超过粮食产量的增速。根据农业部公布的数据显示，2014 年，我国农用化肥施用量为 5995.9 万吨，占全球化肥消耗量的 35%。但我国耕地面积只占全球的 8%，说明我国化肥过度施用的情况异常严重。此外，我国农作物每亩化肥平均施用量为 21.9 公斤，而世界的亩均施用量却只有 8 公斤。我国化肥施用量是美国的 2.6 倍、欧盟的 2.5 倍。从 20 世纪 70 年代开始，我国耕地肥力显著下降，全国土壤有机质平均不到1%。为确保产量，我国化肥施用总量呈现惊人的快速增长，三大粮食作物肥料氮肥、磷肥、钾肥的利用率分别仅为33%、24%和42%。

图3－1是我国2000～2014年化肥年施用量，从图中可以看出，我国化肥施用量呈逐年增加的趋势，尤其是从2003年开始，化肥用量显著增加，一方面的原因是“中央1号文件”提高了农户种粮积极性，另一方面的原因可能在于耕地肥力下降而导致的施用量增加。我国化肥年施用量从2000年的4146.4万吨增加到2014年的5995.9万吨，增加了1849.5万吨，增幅为44.6%。

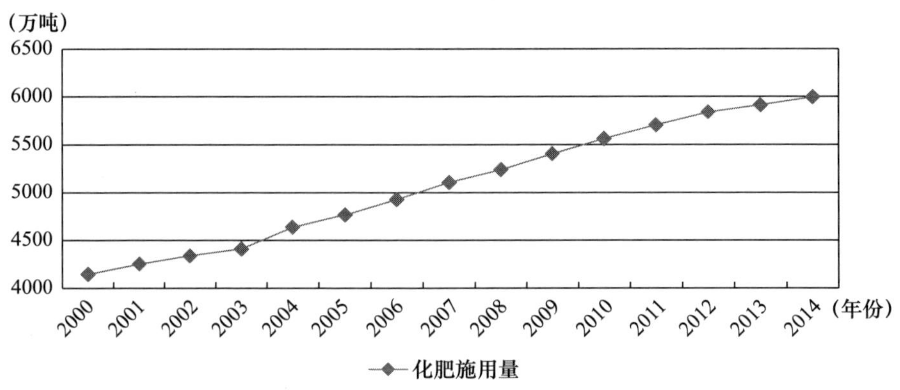

图3－1　2000～2014年我国化肥施用量

数据来源：中国经济和社会发展统计数据库。

（二）严重滥用农药

随着气候的变化，加上耕作方式的改变，病虫害呈多发高发趋势，为达到更好的杀灭害虫的效果，农药乱用、滥用成为普遍现象。当前，我国农业病虫防治存在的突出问题是农药用量偏高、利用率偏低。据统计，近5年全国农药施用量都在31万吨左右，制剂近180多万吨。从图3－2可以看出，我国农药年施用量增幅明显，尤其是2004～2007年，农药施用量增速明显加快，这可能与国家的惠农政策有关。农药商品施用量从2000年的128万吨增加到2014年的184.3万吨，增加56.3万吨，增幅为43.9%。作为世界第一农药施用大国，单位面积化学农药用量已经比世界平均用量高2.5～5倍，其中近70%的农药进入土壤、空气和水域中，只有30%的农药直接作用于目

标生物体，农药利用率只有35%左右。农药的过量施用虽然确保了作物产量，但却严重污染了农业生态环境，对食用农产品质量安全埋下了不少隐患。

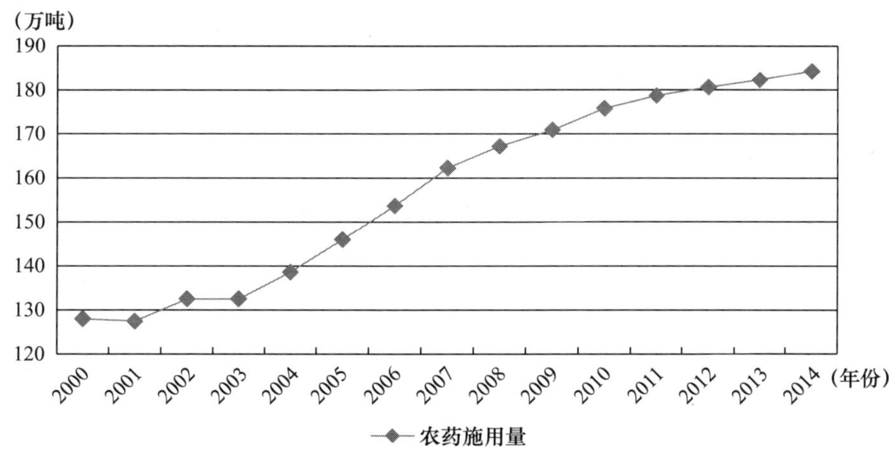

图3-2　2000~2014年我国农药施用量

数据来源：中国经济和社会发展统计数据库。

（三）不恰当使用激素等物质

随着科技的发展，农业生产中开始广泛使用各类植物激素、抗生素、催熟剂等物质。农业生产中使用这些物质的主要目的：一是为了消灭杂草；二是为了促进蔬菜水果肉质部分的生长；三是通过提前植物的开花成熟期以调节收获时间等。恰当合理的施用激素，将有利于增加农业收益，但若施用过量，则会导致食用农产品发生变异，严重影响食用农产品品质，甚至对消费者的身心健康带来潜在的危害。当前，农户在农业生产过程中，为加快动植物生长速度，提高产量，改善农产品卖相，滥用抗生素、激素、催熟剂已成为一种普遍现象，这又造成动物性农产品污染。

（四）违规使用添加剂

随着我国居民收入水平的提高，老百姓对果蔬的需求量大幅增加。为了跟上迅速增长的消费需求，不少农户在蔬菜、水果种植过程中使用催熟剂、膨大剂、生长激素、防腐剂等“高科技”手段来增产、增量、保鲜。按国家允许范围和允许施用量施用添加剂是安全的，对食用农产品质量安全不会产生危害。但是，在利益驱使下，加上农户的自律性普遍不强，为片面地追求产量，在食用农产品生产过程中，违规、违法施用添加剂的现象也比较普遍。近些年市场上出现的“爆炸”西瓜、“避孕药”黄瓜、“催熟”香蕉等，都与农户违规使用添加剂有关。长期食用施用膨大剂的农产品，对人体肾脏有危害，并可能引起儿童性早熟，对消费者的身心健康造成很多负面影响。

第三节　生产环节食用农产品质量安全问题的成因

食用农产品质量安全水平受多种因素共同影响。当前，我国出现的各类食用农产品质量安全事件，成因是多方面的，既与农业生态环境、大自然气候条件等外在因素相关，也与食用农产品自身的属性相关，更与社会经济发展水平、农户生产行为、政府规制程度、农业合作组织发展水平等相关。在农业生态环境、大自然气候条件无法改变的情况下，农户生产行为、政府监督管理等是影响生产环节食用农产品质量安全水平的主要因素。比如，农户在明知过量施用农药等对食用农产品质量安全不利的情况下仍然大量施用农药，这必然会影响到食用农产品的质量安全。此外，政府部门对农户生产行为疏于监管、农业合作组织对农户的管理流于形式，也必然助长农户的道德风险行为。再加上农户的从众心理以及急切的致富冲动更加剧了农户道德风险行为的发生，严重影响食用农产品质量安全水平。因此，本部分主要分析除农业生态环境及自然气候条件以外的影响食用农产品质量安全的因素。

一、农户趋利诱发道德风险行为

在我国广大农村，农户生产食用农产品，一方面是为了满足家庭的需要，另一方面是为了获取经济利益。伴随着我国经济社会的发展，城镇化进程加快，劳动力成本大幅上升，农业生产的机会成本显著提高。加上农业生产活动普遍具有一定周期，生产过程中面临着自然风险、政策风险和市场风险，且充满很多不确定性。相比从事非农职业而言，开展农业生产的经济收益偏低，农业活动对农户尤其是青壮年的缺乏吸引力，导致我国农业兼业化特征明显。

对于小规模种植农户而言，土地基本上没有使用成本，但收益却不怎么可观，种植食用农产品又能得到国家的补贴。因此，集体分配给农户的田地，弃之可惜，但又不愿意在土地上投入太多的资金和劳动，这种局面将影响农户的生产行为。为图省事，在种植食用农产品的过程中，能省人工的环节尽量省，能少花钱的环节尽量少花钱。虽然农户的生产行为也会受到各类因素的约束，但相比大规模种植农户而言，由于其生产行为主要是为了满足家庭需求，因此，受到的约束相对少些。除草是农业生产的必备环节，无论是旱地还是水田，在劳动力成本低农户外出就业机会少的时候，部分农户会选择人工除草，而目前却很少看到人工除草，而是反复使用除草剂，直至达到预期效果为止。杂草虽被暂时清除，但土壤、水体却受到污染，农作物受到伤害，直接影响着食用农产品品质。另外，为保证土壤肥力，施用农家肥既能促进资源循环再利用，也能保证食用农产品品质，但却增加了农户的时间投入，为节省劳作时间，施用化肥成为农户的普遍选择。此外，虫害的发生没有规律性，与天气、作物栽培密度、作物长势、土壤肥力等都有关。由于农村多是人工喷洒农药，为达到更好的药效，经常发生人为提高农药配比浓度，甚至施用禁用农药的现象。但这却导致食用农产品农药残留超标，严重影响着食用农产品质量安全。小规模农户之所以选择这样的生产行为，与其为了获取更多的非农收入有关，因此也可以理解为农户为了逐利而发生了上述行为，其中，大多数属于道德风险行为。

对于大规模种植农户而言，其生产食用农产品的主要目的就是为了获取更多的经济利益。这些农户的生产行为受到多种因素的约束，农户会权衡成本收益，最终选择生产行为。因此，为了获得更多的种植收益，如何降低成本、增加产量、保证食用农产品的卖相，是农户需要考虑的问题。为此，在食用农产品生产过程中，部分农户可能会采取机会主义行为，不按照规范生产，过量施用化肥农药、违规使用添加剂。比如，对于有些果蔬，为了能尽早上市销售，以图卖个好价钱，农户往往大量使用催熟剂，导致原本安全的食用农产品被人为地污染。此外，为减少病虫害对食用农产品的蚕食，大量多次施用农药，导致农药残留物超标。这些都与农户的逐利行为分不开，但这种行为的后果却不由农户自己承担，属于典型的道德风险行为。

二、分散化生产加大政府监管难度

当前，我国农业规模化经营水平还比较低，食用农产品生产多采取千家万户分散的经营方式，这无疑加大了政府监管的难度。

首先，生产环节监管难度大。从生产端看，强化从源头管理食用农产品生产活动，对于保障食用农产品质量安全具有重要作用。但实际情况是，源头管理难以实施。农户在生产食用农产品的过程中，以家庭为经营单位，有完全的生产经营决策权，这种生产方式不仅难以形成农业规模化生产，更使得政府的监管难上加难。一些农业技术难以推广，农业标准化管理也难以执行，食用农产品质量控制举措更无法严格实施。有限的政府监管团队面对庞大的农户队伍，让监管者备感无力应对，因而最终可能出现懒政，导致政府对农户的生产行为出现监管“真空”，不出大问题基本上不管，任由农户按照自己的生产习惯开展食用农产品生产活动，极易发生不规范的生产行为。

其次，销售环节监管形同虚设。从销售端看，通过加大市场准入监管力度，可以确保问题食用农产品被拒之门外，倒逼农户规范生产。但实际情况是，市场对分散农户的监管也基本上处于真空状态。农户收获的食用农产品，自己留存部分后，剩下的或是卖给中间商、加工者，或是直接到农贸市场销售，而这些方式不仅不需要经过检测关，也无须办理准入手续，问题食用农产品流入市场就畅通无阻。由于农户居住分散，无登记手续，且食用农产品的同质性明显，一旦出了问题，很难对农户追责。这就可能因某农户或某区域种植的食用农产品出现质量安全问题而引发重大食用农产品质量安全事件。更为关键的是，农户的市场交易行为的交易主体之间可以是“一锤子买卖”，即这次农户与某个买家交易，下次又换成与另外一个买家交易。如果某个买家对食用农产品质量安全要求严格（或某食用农产品市场准入门槛高），农户完全可以选择与要求不严格的买家交易（或选择将食用农产品销往准入门槛低的市场）。所以，在监管不严（或存在监管漏洞）的情况下，问题食用农产品生产农户可以想办法逃避监管，最终导致监管形同虚设。因此，基于当前的监管现状，通过市场约束分散农户的生产行为非常困难。

最后，农户守法意识淡薄。受文化程度不高等因素的影响，一方面，农户不了解食用农产品生产相关法律法规；另一方面，农户不习惯于受诸如法律等正式制度的约束，导致农户守法意识淡薄。因此，法律法规对于广大分散农户而言，约束力并不强。加上部分农户守法意识不强、法律观念淡薄，即使其农业生产行为出现违规，政府也不能对其进行严格惩罚，而更多的只能采取教育加引导的方式。在农户分散经营的大背景下，法律法规对农户的约束力不强，仅仅依靠政府完善法律法规等正式制度来规范农户生产行为还远远不够。

三、农业合作组织作用发挥有限

我国传统农业以小规模的农业生产为特征，农业基础薄弱、抗风险能力差、农业生产效率低。大力发展和健全农业组织，对于我国转变农业发展方式、保证供给安全、促进农民增收、提高农业核心竞争力、增强农业可持续发展能力、提高农业发展效率具有重要意义。当前，随着我国经济社会的发展，在国家土地改革政策推动下，农村土地承包经营权流转快速向前推进，成立了一大批新型农业产业化组织。这些组织的成立带动了农村经济发展，促进了农民增收，提高了农业效率。但从实际发展的情况看，还存在一些突出问题。比如，农业组织化程度低，新技术、新工艺推广困难，不利于农户利用先进的技术和工艺，导致传统的生产方式难以转变。由于大部分农户文化水平较低，加上组织的技术指导不到位，农户对新技术、新工艺的了解和使用还存在较大难度，导致食用农产品生产过程中农户仍然沿用不规范生产方式，因而食用农产品质量安全水平难以提高。此外，由于农业合作组织多是由专业大户或种养能手发起组织，其成立合作组织的目的在于获取更多种利益，对农户的带动和引导作用有限。虽然农业合作组织可能有章程或约束农户行为的一些其他举措，但很多规定往往停留在纸上，且对农户的约束能力有限，其最终结果是农户的不规范生产的局面难以从根本上改变，食用农产品质量安全难以保证。

四、劣质农业生产资料被用于农业生产

一直以来，我国农业生产的经济效益普遍偏低，农业生产活动受自然条件的影响较大，再加上市场行情不确定，导致农业生产充满不确定性。当前，我国经济发展进入新常态，农业发展正面临着农产品价格“天花板”封顶、生产成本“地板”抬升、资源环境“硬约束”加剧等新挑战，农业生产利润空间日益缩小。在这种背景下，加之未来收益不确定，如何降低生产成本成为食用农产品生产农户需要考虑的问题。为此，农户会在众多农业生产资料中进行选择，价格便成为首要参考因素，廉价农资成为多数农户的选择。这又诱使农业生产资料经销商销售低价劣质农业生产资料，甚至出售国家明令禁止出售的禁用农药，而因资

金的限制也促使食用农产品生产农户故意使用劣质的农业生产资料。劣质农业生产资料因为效果差，而农户为达到效果，不得不增加用量。这无疑增加了食用农产品质量安全的风险，同时增大了劣质农业生产资料的存活空间。此外，即使生产安全食用农产品的农户，也因不知情而无意使用劣质农业生产资料，导致生产的安全食用农产品不安全。近些年，监管部门在开展农资打假专项治理行动中，发现存在诸如“经营假农药、违法销售无证肥料、生产销售不合格水溶肥料”等问题，这无疑带来了食用农产品质量安全隐患。

第四节　食用农产品质量安全问题带来的不利影响

食用农产品是老百姓日常生活的必备品，其质量安全水平不仅影响着老百姓身心健康更威胁到生命安全。此外，食用农产品质量安全事件的频繁爆发还会影响我国食用农产品供应链各环节参与者的利益，甚至影响我国的国际声誉以及政府的国际形象，因此必须引起高度重视。

一、消费者身心健康受到威胁

食用农产品质量安全出了问题，最直接的表现就是消费者的身体健康受到影响。近几年报道的因农药兽药残留超标、微生物污染、环境污染、人为掺杂造假等造成的食用农产品质量安全问题比较严重，对消费者身体健康和生命安全造成直接或潜在危害。问题严重的则表现为实物中毒，不严重的则导致有害物质在体内潜伏，对消费者造成长期的慢性伤害。

食用农产品质量安全不达标的极端表现就是造成食物中毒。据国家卫计委的信息，农药、兽药残留超标造成的食物中毒事件在食物中毒总数中所占的比例很高，且死亡率也极高。在食物中毒的类型中，微生物性食物中毒是报告起数和中毒人数最多的食物性中毒，有毒动植物食物中毒是死亡人数最多的食物性中毒。不安全的食用农产品已经威胁到老百姓的生命安全。不过，在通常情况下，人们食用了不安全的农产品，并不是这种极端的反应——食物中毒，而是有害物质在体内不断累积，最终导致人体的耐药性增强，免疫力下降。原因就在于，我们每

日食用的蔬菜、水果、肉、蛋、奶和水产品，是由大量的化肥、农药、生长素、抗生素等物资培植出来的，大量毒素随之进入人的体内，并逐渐积存起来，使我们的肌体发生很大变化，产生强烈的耐药性。同时激素在农业生产中的大量运用，也会造成食用农产品污染，大大降低人体的免疫力，这也是当今某些高发病的重要病因之一。

二、食用农产品供应链各环节参与者利益受损

食用农产品质量安全出了问题，不仅仅影响到消费者的利益，同时还影响到食用农产品供应链上其他参与者（如生产者、经营者）的利益。比如，因某地某种食用农产品出现质量安全问题，在舆论的宣传报道（炒作）下，问题产品就会“株连九族”，安全食用农产品被全部贴上“问题农产品”标签，导致价格急剧下降，食用农产品大幅滞销，出现“问题农产品”伤农事件，对生产该类食用农产品的其他农户造成巨大的经济损失。不仅如此，供应链上其他主体的利益也因此受损。出现这些问题的主要原因在于我国农业生产长期过度依赖化肥农药，加上政府对食用农产品生产与流通环节监管缺失，导致食品安全特别是问题“食用农产品”伤农事件频发，公众对食品安全信心严重缺失，更容易接受负面信息。此外，由于相关机构对食品安全科普严重不足，往往在事件爆发后，陷于被动应对之中，导致科学的、正确的解释难以取信于民。比如，某地发生西瓜有机磷中毒事件，经过媒体报道后，由于信息不对称，加上某些媒体的人为渲染，不客观报道导致消费者都不敢购买西瓜，全然不顾西瓜质量是否安全，这就导致西瓜大量滞销，最终伤害的是种植西瓜农户的利益。不仅如此，由于我国食用农产品还有一部分出口，食用农产品生产过程中出现的质量安全事件，也让国外消费者对我国食用农产品质量安全失去信任。虽然我国出口食用农产品的质量标准严于国内同类产品，但如农药残留、重金属超标的问题仍时有发生。由于食用农产品存在的质量安全问题，因而达不到进口国的要求，在食用农产品出口贸易中，多起贸易因农残超标等问题而被中止，导致食用农产品被禁运甚至销毁，给农户和出口商造成了巨大的经济损失。同时，这也筑高了我国食用农产品出口面临的绿色贸易壁垒，影响到正常农产品出口贸易的开展。

三、国际声誉和政府形象受到影响

20 世纪 90 年代初，美国世界观察研究所所长莱斯特·布朗的一篇题为《到

2030 谁来养活中国?》的长文，引起了世界对中国粮食问题的一轮恐慌，但近些年，我国粮食数量上能达到基本自给的事实彻底消除了这一恐慌。可目前比数量安全更让世人恐慌的问题再次出现，那就是我国食用农产品出现的质量安全问题。当前食用农产品出现的质量安全问题更多地源于生产过程中出现的人为因素。这一问题已不仅仅是一个经济问题，更是一个关乎中国国际形象的重大政治问题，严重影响着我国的国际声誉。该问题能否得到妥善快速解决，直接反映出政府治理国计民生重大问题的决心与力度。如果该问题没有解决好，将直接影响国人对政府的信任感，老百姓自然会对政府的治理能力产生怀疑，从而影响到政府在公众心目中的形象。

本章小结

本章首先分析了我国食用农产品质量安全的现状，具体表现为食用农产品质量安全水平总体向好、安全食用农产品的比重显著上升、政府监管力度正逐渐加大等，这表明我国食用农产品质量安全形势总体趋好。虽然如此，但也还存在着一些亟待解决的问题。比如，在食用农产品生产环节，农户出于自利而发生道德风险行为的局面难以遏制，区域性农业生产的土壤环境、水环境以及大气环境持续恶化的趋势难以扭转，再加上食用农产品生产农户粗放的生产方式难以改变等，这些都严重影响着我国食用农产品质量安全。针对我国食用农产品生产环节存在的上述质量安全问题，本书分析了上述问题产生的原因，这其中既与农业生态环境、大自然气候条件等外在因素相关，也与食用农产品自身的属性相关，更与社会经济发展水平、农户生产行为、政府规制程度、农业合作组织发展水平等相关，具体表现为农户趋利诱发了道德风险行为、分散化生产加大了政府监管难度、农业合作组织作用发挥有限、劣质农业生产资料被用于农业生产等，尤其是农户道德风险行为的发生对于我国食用农产品质量安全的影响是巨大的。最后，本书分析了食用农产品质量安全问题带来的不利影响，包括影响着老百姓身心健康甚至威胁其生命安全、影响着我国食用农产品供应链各环节参与者的利益、影响着我国国际声誉以及政府的国际形象，必须引起高度重视。

第四章　食用农产品生产农户道德风险行为发生机理的理论分析

从第三章的分析可知，我国食用农产品质量安全问题产生的原因，从生产环节看，排除大气污染、土地污染、水污染等外部环境因素的影响外，主要在于农户不规范的生产行为。这种不规范的生产行为又突出表现为道德风险行为，这是当前我国食用农产品质量安全问题产生的重要原因。农户道德风险行为为什么会发生？影响因素有哪些？有效解决这些问题对于从源头保障食用农产品质量安全具有重要意义。因此，本部分借助委托—代理理论以及信息不对称理论，系统剖析农户道德风险行为发生的内在机理，并重点借鉴“贝—斯”模型，对影响农户道德风险行为的因素进行理论分析，为后文的理论模型构建及实证分析奠定基础。

第一节　农户道德风险行为发生的原因分析

农户行为是农户基于一定的社会经济环境，为实现其经济利益，而对外部经济信号做出的反应[①]。根据该概念可知，农户某种行为的做出既与行为动机有关，也与所处的特定社会经济环境有关。借鉴前人的研究成果，结合当前我国食用农产品种植农户生产实际情况，可以发现，农户道德风险行为发生的原因主要有以下两方面，即内部原因和外部原因。其中，内部原因包括农户生产行为的有限理性、农户存在机会主义倾向、农户追求种植收益最大化动机以及农户自律观

① 韦志扬．我国农户技术采用行为研究概述［J］．安徽农业科学，2007（30）：9714－9716.

念淡薄等。而外部原因则包括食用农产品市场、农业合作组织、政府监管、社会发展、制度设计等多方面存在的弊端与不足。

一、内部原因

在食用农产品生产过程中，农户生产行为由农户对食用农产品质量安全等的认知以及生产食用农产品的内在动机共同决定的。首先，作为有限理性经济人，农户生产食用农产品，是为了获取短期利益。因此，农户不仅会衡量种植的收益，也会考虑生产成本。在当前劳动力成本较高的背景下，农户倾向于采用技术替代劳动，比如采取机械化耕作方式、采用农药防治病虫害、采用化肥替代有机肥等。而农户为了追求产量，部分农户在明知过量施用化肥、农药对食用农产品质量安全不利的情况下，仍然会过量施用化肥农药，甚至施用禁用农药等，从而发生道德风险行为。其次，由于现阶段我国食用农产品生产主体多是分散农户，这无疑加大了政府监管及追溯的难度，当出现因过量施用农药导致食用农产品中毒事件时，难以找到问题出自谁家，因而农户生产食用农产品发生道德风险时很难被发现，所以在食用农产品生产中，农户存在机会主义行为倾向，进一步增加了道德风险行为发生的可能性。再次，由于当前农业生产活动存在很多不确定性，为降低生产成本，以获取更多的种植收益，农户可能选择一些劣质农业生产资料，从而诱发道德风险行为。最后，农户生存在一个特定的社会环境中，在平时的生产生活实践过程中，对食用农产品质量安全、农村环境污染、农产品生产规范等都已经形成认知，比如，清楚生产质量安全达标的食用农产品对于社会的重要性，也深知不规范施用农药等行为对环境造成的污染，但是由于内在的自律观念淡薄，在实际生产过程中，明知不规范生产行为的危害但仍然还是发生了不规范的生产行为。因此，综上所述，可以将道德风险行为发生的内部原因归纳为以下四个方面的原因：

（一）农户生产行为的有限理性

农户生产生活环境复杂多变，充满较多的不确定性。农户归属于某个农村集体组织，比如村民小组，其行为必然会受到这些组织的影响。此外，农户行为同样受到政府的约束，比如政府鼓励农户采取环境友好的生产方式，不施用禁用农药，不焚烧秸秆，多施用有机肥等。从理性的角度讲，农户清楚这些生产方式对自身身体健康，对农村环境以及食用农产品质量安全都有利，但由于部分农户只关注眼前利益（自身利益），导致其最终的选择却不一定理性。比如，在食用农产品生产过程中，人为提高农药配比浓度，过量施用化肥、农药，甚至施用禁用农药等。农户之所以这样选择，一方面是为了保证产量，另一方面还在于农户的收益充满诸多不确定性，最终农户会基于自身有限理性做出这种选择。

（二）农户存在机会主义倾向

为获得更多的食用农产品种植收益，农户在选择病虫害防治方法时，会充分权衡这些方法的成本及收益。在食用农产品种植收益不确定的情况下，尽可能降低成本成为农户的普遍选择。比如，为达到好的病虫害防治效果，农户可能不按照生产规范施用农药，而是施用禁用农药或过量施用农药。农户之所以这样做，一方面是因为这样可以降低农业生产成本（比如减少农药施用次数），另一方面是在监管不严的情况下，农户不规范的生产行为也不一定会被发现，因而农户可能不会受到惩罚。当前，农户生产行为存在信息不对称，加上我国食用农产品生产主体大多是分散农户，这便加大了政府监管及追溯的难度，当出现因过量施用农药导致食用农产品中毒事件时，难以找到问题出在谁家，农户生产食用农产品发生道德风险行为时也会预期难以被发现，因而农户存在机会主义行为倾向，这无疑增加了道德风险行为发生的可能性。

（三）农户追求种植收益最大化

农户是食用农产品生产的基本单位，其生产行为是一种有限理性的经济行为，追求种植收益最大化仍然是农户生产行为的主要目标。当前，农户生产食用农产品不再仅满足于自给自足，如何为家庭增加更多的收益也是其目标之一。在食用农产品出售价格一定的情况下，确保或增加食用农产品产量是增加种植收益的主要途径之一。因此，为减少病虫害发生给农作物带来的损失，农户可能采取一些不规范的农药施用行为，比如过量施用农药等诱发了道德风险行为。因此，根据相关经济学知识可知，追求种植收益最大化也是农户发生道德风险行为的原因之一。

（四）农户自律观念淡薄

农户对食用农产品质量安全及农村环境污染的认知是一个不断完善的过程。在开展农业生产活动以及平时与其他农户相处的过程中，农户对食用农产品质量安全及农村环境污染问题都已形成自己的认识。比如，有些农户通过电视或其他途径获知过量施用农药对食用农产品质量安全不利，因此，其在开展农业生产活动过程中，就可能会因此而受到影响，甚至会尝试着改变以前过量施用农药的行为。这就意味着农户对食用农产品质量安全的认知影响着农户的生产行为，使农户行为由不规范转为规范。这也意味着农户认知水平的提高将可能有利于引导农户自觉规范生产。但是，受文化水平、信息传播渠道、自律观念等的限制，农户对食用农产品质量安全以及农村环境污染的认知难以改变，因而其在食用农产品生产过程中表现出来的是不规范的生产行为。农户自律观念的淡薄导致农户的安全认知难以成为一种内在的约束，最终农户行为表现出非理性，并发生了道德风险行为。

二、外部原因

当前，生产主体多、生产分散化是我国食用农产品生产的重要特征，食用农产品质量安全水平除了受农户生产行为影响外，还与农户所处的外部环境密切相关。从当前我国农业生产活动的实际情况看，外部环境主要包括来自政府、组织、市场等方面的约束与激励。农户从事农业生产活动，既有生产经营目标，也会权衡外部约束与激励，并最终选择自己的行为。比如，政府监管如果流于形式，农户可能更多地考虑行为给自己带来的利益，而不顾其行为产生的负外部性。再比如，农业合作组织对农户的管理如果非常严格，只要农户生产行为不规范，农户不仅不能分红，甚至还会被要求退出农业合作组织，因而重视自身长远利益的农户倾向于按照组织的规范开展农业生产活动。但是，当前农户在食用农产品生产过程中，由于食用农产品市场失灵、政府规制局限性以及组织发展水平低等外部因素的存在，再加上农户生产行为信用体系尚未建立、经济社会发展导致农业生产机会成本显著上升等原因，农户生产行为缺乏相应外部约束，最终诱发农户道德风险行为。

（一）市场机制方面——食用农产品市场失灵

市场机制对于调节食用农产品市场的供求具有重要作用。但是，市场机制发挥作用需要有完备的市场信息，也就是说食用农产品的供求双方都拥有完备的质量和价格信息。根据有关经济学理论可知，当食用农产品市场类型属于完全竞争市场时，市场的供求双方才拥有完备的信息，然后双方基于这些完备信息做出正确的决策。此时，市场机制的作用才能真正发挥出来，食用农产品市场中的供给方，也即农户能够实现收益的最大化，食用农产品市场中的需求方，也即消费者

能够实现效用的最大化。然而，在现实当中，食用农产品市场并不是完全竞争市场，市场中的供求双方并不都拥有完备的信息。由于农户是食用农产品的生产者，其拥有的食用农产品质量信息多于消费者，导致市场机制无法有效调节市场的供求关系，而是出现了市场失灵的状况。正因为食用农产品市场存在市场失灵，所以消费者在食用农产品后，也无法知道食用农产品安全与营养水平等方面的信息。当前，食用农产品市场失灵突出表现在以下两个方面：

1. 外部性

食用农产品生产同样存在外部性。对于某农户来说，其生产行为对其他农户、农村生态环境、农产品质量安全等都会产生不同影响。当然，其他农户的生产行为也会对该农户产生影响。在生产食用农产品的过程中，如果某农户规范生产，表现为按照标准施肥及用药，但如果其他农户不规范生产，则该农户却要承担其他农户不规范的生产行为引发的成本，导致生产出来的食用农产品不安全。同样地，如果该农户不规范生产，表现为滥用化肥农药等，则由此造成的环境污染成本并不单独由该农户承担，而是由其他农户甚至整个社会共同来承担。当然，某农户也能因其他农户规范的生产行为而受益，比如其他农户生产安全农产品，该农户所生产的常规食用农产品也能获得更高收益。农户生产行为产生的外部性，导致农户在生产食用农产品的过程中，考虑的更多地还是自身利益及当前利益，而忽视了社会利益及长远利益，于是在生产食用农产品的过程中，更容易产生“负外部性”，进一步增加了道德风险行为发生的可能性。

2. 信息不对称

食用农产品市场存在广泛且普遍的信息不对称问题，主要表现为供求双方（即农户与消费者）之间关于食用农产品质量安全的信息不对称[①]。在食用农产品市场中，消费者处于信息劣势，而农户具有信息优势，消费者无法准确获知其购买的食用农产品真实的安全水平。在食用农产品生产过程中，农户采纳了哪些生产技术、采取了哪些具体生产行为，食用农产品生产的土壤、大气及水环境是否受到污染等，消费者并不清楚，因而难以判断出食用农产品质量安全水平。因此，消费者在购买食用农产品时，只能根据自身消费经验或直觉判断食用农产品

① Lang T. Food, the Law and Public Health: Three Models of the Relationship [J]. *Public Health*, 2006, 120 (Supplement 1): 30 –40.

的颜色、光泽、大小等特征，但是其口感、味道等特征则需要食用后才能判断出来，而诸如食用农产品质量安全、营养水平等方面的特征，食用后也无法准确得出，需要经过相关部门检测之后才能做出评价。因此，食用农产品质量安全与否，从外表等方面难以判断，所以农户受利益驱使，不仅不会主动公开食用农产品质量安全的相关信息，而且会故意隐瞒甚至提供虚假生产信息，以便在激烈的市场竞争中获取优势地位，这也增加了道德风险行为发生的可能性。

（二）社会发展方面——农业生产机会成本增加

随着我国经济社会的快速发展，劳动力成本显著上升，农业生产的机会成本大幅提高。但农业作为弱势产业的局面并没有改变，农业科技水平不够高、农业生产效率不够好、农业回报不够多、农业获利能力不够强等仍然是我国农业的基本特征。在这样的背景下，对于分散农户而言，由于其抗风险能力较差，农户的生产行为普遍比较保守。在开展农业生产活动时，为获取种植收益，农户会权衡农业生产的成本收益，并最终体现在农户生产行为方面。为尽量减少劳动力的投入，对于农作物日常管理，比如施肥及病虫害防治，农户会选择施用化肥和农药，并且为了达到更好效果，会加大剂量甚至违规施用。因而，大量施用化肥农药甚至违规施用禁用农药等成为一些农户的选择，并且产生依赖。此外，对于安全食用农产品生产农户而言，其知道施用农家肥以及少用甚至不用农药有利于提高食用农产品品质，从而获得更好的收益，但是这样做需要雇佣更多的劳动力，支付更多的人工成本，最终权衡之下，农户往往选择用化肥替代农家肥，以及多次施用农药。比如清除杂草，为了节省劳动投入，农户基本上是施用除草剂，甚至多次大剂量的反复施用。杂草是暂时被清除干净了，但之前和杂草共生的农作物也受到污染，包括农作物周围的农业生态环境也被破坏，直接影响农作物的正常生长和食用农产品的质量安全。再如，为提高土壤肥力，施用农家肥本应该是一种环境友好型的生产方式，但为达到增效与省事的双重目的，农户往往通过施用化肥来替代农家肥。这样做带来的结果是土壤肥力逐渐下降，进而农户又不得不通过增施化肥达到提高肥力的目的，最终恶性循环，导致化肥施用量越来越多。这样不仅影响着食用农产品品质，而且严重污染着农业生态环境，对食用农产品质量安全造成潜在的危害。另外，农药的施用为达到更好的病虫害防治效果，农户违规大量施用农药的情况也比较普遍，不仅导致食用农产品农药残留超标，而且造成严重的农业面源污染。

当前，受经济社会发展的影响，农业生产机会成本快速提高导致农户对化学投入品产生严重依赖，这也是引发农户道德风险行为的重要原因之一。

（三）政府监管方面——政府规制的局限性

政府规制是指在市场经济条件下，政府运用法律法规对微观经济主体的活动和行为进行直接控制及间接干预，以更好地治理市场失灵，修正市场机制存在的缺陷，降低市场经济运作给社会发展带来的不利影响。当前，政府规制已成为政府重要的经济职能。在食用农产品市场中，由于信息不对称，市场失灵也是一种普遍存在的现象，对食用农产品的供给产生负面影响，甚至引发严重的道德风险行为。食用农产品市场中出现的市场失灵无法通过市场自身加以消除，必须通过政府规制来修正市场机制存在的不足。因此，我国政府制定了一系列防范农户道德风险行为的措施，从而有效引导和规范农户食用农产品的生产行为。

然而，由于我国市场经济发展水平低，市场机制自身也存在缺陷，导致信息不对称问题在我国食用农产品市场中尤为突出，突出表现为农户与监管部门之间的信息不对称问题。对于安全食用农产品生产农户而言，其在生产安全食用农产品之前，一般会申请取得安全食用农产品认证，比如某种“三品一标”认证。为了取得该认证，农户会按照安全食用农产品生产的各类标准严格执行，以期顺利取得认证。当前，我国对安全食用农产品认证的管理注重前期管理，而忽视了产中环节的过程监管。因此，农户取得认证后，在利益的驱动下，为降低生产成本，往往会按照“折扣标准”来生产食用农产品，发生道德风险行为，造成安全食用农产品品质大打折扣，甚至出现安全食用农产品不安全的情况。而由于农户众多，导致监管成本过高，政府不可能在生产过程中实施对安全食用农产品的完全监管，这种状况决定了在安全食用农产品生产农户与监管者之间存在质量安全信息的不对称，削弱了政府在防范道德风险行为方面的作用，诱发了道德风险行为。对于常规食用农产品生产农户而言，政府规制的局限性尤为突出。一是农户数量众多、居住分散、生产标准不一，导致政府监管的难度大、成本高。二是监管部门可以真正约束到普通农户的政策工具极少，因而即使监管部门对农户的违规生产行为动真格，也无法形成真正的威慑力。三是政府制定的相关保障食用农产品质量安全的措施，往往只能传递到乡镇一级，而无法在农村基层真正实施起来，也影响到政府规制政策的效力，难以有效约束到农户生产行为。

（四）农业合作组织方面——组织发展水平低

农业合作组织的成立在提升分散农户抗风险能力、降低分散农户交易成本、提供农业生产多样化服务、增强农村公共产品供给能力等方面发挥着重要作用，且对于提升农户生产技能、促进农户规范生产、保障农产品质量安全具有重要意义。然而，受地区经济发展水平及农业产业基础的差异，多数地区尚未组建农业合作组织，即使组建了农业合作组织，农业合作组织的作用也未完全发挥。现阶段，我国多数地区农业合作组织的发展水平较低，集中表现为合作层次不高、生产规模不大、自身经济实力较弱、服务功能不强、管理比较落后等，难以确保食用农产品的质量安全，与农村社会经济发展的要求以及广大农户的期望相比还存在很大的差距。由于组织化程度不高，多数农户仍以家庭经营为主，农户加入的生产组织大多数为生产基地，而如协会、合作社、公司等农业专业合作经济组织，加入的则很少，由于缺乏组织的有效管理和约束，农户行为难以规范，这也增加了道德风险行为发生的可能性。

（五）制度设计方面——农户生产行为信用体系尚未建立

没有规矩，不成方圆。缺乏制度的约束，农户的行为就难以自觉规范化。因此，需要通过管理制度的创新，以有效约束农户行为，引导农户自觉规范生产，并从源头确保食用农产品的质量安全。当前，农户发生道德风险行为，是农户在权衡各种约束之后做出的非理性行为。如果农户行为缺乏强有力的约束，那么其道德风险行为将会变得可持续，也即如果没有更好的制度设计约束农户行为，则农户道德风险行为将会变得愈加严重，而实际情况也恰是如此。当前，多数农户从事农业活动并不是“一锤子买卖”，而是连续的，是不断与约束主体重复博弈的一个过程。如果农户生产行为不受约束或发生了道德风险行为且没有受到任何惩罚的话，农户对道德风险行为就会产生依赖，久而久之，道德风险行为也将变得可持续，从而食用农产品质量安全问题也将变得更加严重。

如果能根据当前我国农村广大农户的生产实际情况，设计对农户具有普遍约束力的制度，将引导农户自觉规范生产。比如，可以考虑建立食用农产品生产农户生产行为信用体系，将政府、组织甚至其他监管主体对农户生产行为监管的信息汇总，并录入该体系，根据相关标准对农户生产行为进行信用评级，然后将农户的信用评级与农业补贴发放、养老金发放、贫困户评定、子女助学贷款申请、安全食用农产品认证、加入合作组织等关联起来，将能在某种程度上约束农户生

产行为。但是，由于当前我国农业生产高度分散，加上农户种植规模小，导致监管难度大，信息收集成本高，该信用体系尚未建立。因而，当前并没有好的制度用来约束农户生产行为，导致农户在开展农业生产活动的过程中，很容易发生道德风险行为。

综上所述，通过对食用农产品生产农户道德风险行为发生原因的剖析，可以发现，导致食用农产品生产农户发生道德风险行为的原因包括内在原因和外在原因，其中，内在原因包括农户生产行为的有限理性、存在机会主义行为倾向、追求种植收益最大化以及自律观念淡薄四个方面。外在原因则包括市场机制失灵、政府规制的局限性、组织发展水平低、农业生产机会成本增加以及农户生产行为信用体系尚未建立五个方面。

第二节　农户道德风险行为发生的影响因素分析

一、理论分析

1974 年，加里·贝克尔和乔治·斯蒂格勒（Becker and Stigler，1974）在分析执法者的渎职行为时，构造了一个委托—代理模型。近些年来，该模型在我国得到广泛应用，对于揭示经济现象的本质，提出解决问题的对策起到了重要作用。食用农产品生产本质上就是一种委托—代理关系，从整个社会角度看，消费者或政府是委托人，而广大农户是代理人，消费者或政府将生产安全食用农产品的责任委托给农户。在这种委托—代理关系中，委托人和代理人之间存在诸多信息不对称，包括关于食用农产品质量安全水平的信息不对称、关于农户努力程度的信息不对称、关于农户生产行为的信息不对称等。由于生产过程中存在的上述信息不对称，农户就有发生道德风险行为的可能性。因此，为准确找出影响食用农产品生产农户道德风险行为的因素，本部分重点借鉴“贝—斯”模型，分析当前经济社会发展背景下，影响我国农户道德风险行为发生的主要因素。

本书假设农户的风险偏好类型是风险中性，其生产行为主要由其获得的长期效用来决定的。本书假设农户会一直从事食用农产品生产活动。农户在生产食用农产品的过程中，其具体行为有两种表现方式，即规范生产（也即不发生道德风险行为）和不规范生产（也即发生了道德风险行为）。

由于农户生产行为会产生外部性①，加上政府及消费者都日益重视食用农产品质量安全，因此，农户也关心其行为产生的后果。农户在农业生产生活的实践中，对于其生产行为产生的直接、间接、当前及往后影响都有一定的认知。比如，农户因发生道德风险行为被发现后，可能无法获得农业合作组织的分红，可能需要承担巨大的心理成本②，甚至还可能被其他农户排挤等。相反，规范生产（也即未发生道德风险行为）的农户，可以顺利得到农业合作组织的分红，而且不需要承担心理成本，反而内心更加宽慰③或者在农户间有好的名声，更有利于农户个人及其家成员在农村这个“熟人社会”的生存与发展。下文将充分考虑这些因素，借鉴“贝—斯”模型，从理论上得出农户道德风险行为发生的主要影响因素。

当农户不发生道德风险行为时，假设农户预期自己每期的食用农产品种植收益为 π'，农户因生产行为规范得到组织④的奖励为 R，内心宽慰等带来的无形收益为 M_1，贴现因子为 σ，$\pi'>0$，$0<\sigma<1$，并且假设农户在各期的效用函数都为 $U=\pi'+R+M_1$，则农户的期望效用流为：

$$\begin{array}{cccc} U_1 & U_2 & \cdots & U_t \\ \pi'+R+M_1 & \pi'+R+M_1 & & \pi'+R+M_1 \end{array}$$

因此，当农户不发生道德风险行为时，其预期总效用为：

$$H_1=U_1+\sigma U_2+\cdots+\sigma^{t-1}U_t=(\pi'+R+M_1)(1+\sigma+\cdots+\sigma^{t-1})$$
$$=\frac{1-\sigma^t}{1-\sigma}(\pi'+R+M_1)$$

由于农户清楚委托人不能时刻观察到他的生产行为，也即农户发生了道德风

① 规范生产有利于提升食用农产品质量安全水平，从而产生正的外部性，而不规范生产则会产生负的外部性，不利于食用农产品质量安全水平的提高。

② 毕竟道德风险行为的发生对消费者及整个社会将产生不利影响，所以具有道德良知的农户，将在内心产生自责、不安与愧疚等。

③ 农户按照规范生产食用农产品，为社会生产了质量合格的食用农产品，则农户会认为其行为对得起自己的良心，因此相比发生道德风险行为，农户内心得到宽慰。

④ 主要是指农业合作组织的分红，或村集体的年终分红。根据某些农村村规民约中的条款，如果农户生产行为不规范，将直接影响到农户的年终分红，在本书第六章将详细阐述。

险行为也不一定会被发现，因此农户就有动机发生道德风险行为。为实现增产增收的目标，农户可能不规范施用农药，比如施用禁用农药等，也即发生道德风险行为。假设农户因发生道德风险行为而得到的额外收益为 B，需承担的心理成本为 $M_2$①，并且以后各期都会发生道德风险行为，直至被发现为止。如果农户发生道德风险时不被发现，他将得到的收益为 $B+\pi'+R-M_2$②，如果被发现了，他得到的收益为 π^*-F-M_2，其中 π^* 表示被发现后食用农产品出售的收益（比如收购方压价后的收益，或者被政府没收销毁，该值可为0），$\pi^*\leqslant\pi'$，F 表示政府收取的罚金③。假设农户在各期发生道德风险行为被委托人发现的概率均为 p，因而农户在各期的期望效用为 $U=(1-p)(\pi'+B+R-M_2)+p(\pi^*-F-M_2)$，整理后 $U=(1-p)(\pi'+B+R)+p(\pi^*-F)-M_2$，则农户的期望效用流为：

U_1	U_2
$(1-p)(\pi'+B+R)+p(\pi^*-F)-M_2$	$(1-p)(\pi'+B+R)+p(\pi^*-F)-M_2$
U_{t-1}	U_t
$(1-p)(\pi'+B+R)+p(\pi^*-F)-M_2$	$(1-p)(\pi'+B+R)+p(\pi^*-F)-M_2$

因此，农户如果一直发生道德风险行为时的预期总效用为：

$$H_2=U_1+\sigma U_2+\cdots+\sigma^{t-1}U_t$$
$$=[(1-p)(\pi'+B+R)+p(\pi^*-F)-M_2](1+\sigma+\sigma^2+\cdots+\sigma^{t-1})$$
$$=\frac{1-\sigma^t}{1-\sigma}[(1-p)(\pi'+B+R)+p(\pi^*-F)-M_2]$$

理论上，农户是否发生道德风险行为，取决于这两种行为如何影响农户预期总效用，如果发生道德风险行为后农户的预期总效用增加了，则理性农户将会选择不规范生产，也即发生道德风险行为。根据上文推算的结果，可知，农户发生道德风险和不发生道德风险的预期总效用差值为：

① 不论农户发生道德风险行为是否被发现，农户自己清楚发生了道德风险行为，所以需要承担心理成本，比如内心的自责、不安与愧疚等。一般来说，发生道德风险行为次数越多的农户，其承担的心理成本递减（类似于边际效用递减规律），为便于分析，本书假设农户承担的心理成本不变。

② 农户发生道德风险行为没有被发现，则农户还能得到组织的奖励，而被发现后，将不能得到组织的奖励。

③ 由于本书调研对象为各类食用农产品生产农户，包括安全食用农产品和常规农产品，因此，在政府违规惩罚制度执行不严的情况下，F 值也可以为0。

$$\Delta H = H_2 - H_1 = \frac{1-\sigma^t}{1-\sigma}[p(\pi^* - F - \pi' - R) + (1-p)B - (M_1 + M_2)] \quad (4-1)$$

ΔH 表示农户发生道德风险行为时增加的总效用，当 $\Delta H > 0$ 时，农户就有发生道德风险行为的动机，而且 ΔH 越大，农户发生道德风险行为的动机就越强烈（周峰，2008）。

根据上面的理论分析可知，农户作为有限理性经济人，获取尽可能多的经济利益是其从事农业生产活动的目标，结合式（4－1）可知，农户在食用农产品生产中道德风险发生与否会受到如下因素的影响：①农户不规范生产行为被发现和查处的概率 p；②农户不规范生产被发现后食用农产品出售的收益 π^*；③被发现后应缴纳的罚金 F；④农户规范生产时能获得的收益 π'；⑤农户规范生产时组织给予的奖励 R；⑥农户不规范生产时所能得到的额外收益 B；⑦农户规范生产时内心宽慰的无形收益 M_1；⑧农户不规范生产时需要承担的心理成本 M_2；⑨未来各期收益贴现因子 σ 的影响。

对 4－1 式求各因素的偏导数可以得出各因素[①]对农户发生道德风险动机的大致影响，具体结果如下：

$$\frac{d\Delta H}{dp} = \frac{1-\delta^t}{1-\delta}(\pi^* - F - \pi' - R - B) < 0 \quad (4-2)$$

$$\frac{d\Delta H}{d\pi^*} = \frac{1-\delta^t}{1-\delta}p > 0 \quad (4-3)$$

$$\frac{d\Delta H}{dF} = -\frac{1-\delta^t}{1-\delta}p < 0 \quad (4-4)$$

$$\frac{d\Delta H}{d\pi'} = -\frac{1-\delta^t}{1-\delta}p < 0 \quad (4-5)$$

$$\frac{d\Delta H}{dR} = -\frac{1-\delta^t}{1-\delta}p < 0 \quad (4-6)$$

$$\frac{d\Delta H}{dB} = \frac{1-\delta^t}{1-\delta}(1-p) > 0 \quad (4-7)$$

$$\frac{d\Delta H}{dM_1} = -\frac{1-\delta^t}{1-\delta} < 0 \quad (4-8)$$

$$\frac{d\Delta H}{dM_2} = -\frac{1-\delta^t}{1-\delta} < 0 \quad (4-9)$$

① 从理论上讲，贴现因子 δ 对农户道德风险行为发生的动机也有影响，但是本书不予讨论。

从上述式子可以看出，农户发生道德风险行为获得的额外收益越高、被发现后食用农产品的出售收益越高，则农户发生道德风险行为的动机越强，越容易发生道德风险行为。农户发生道德风险行为被发现的概率越大、政府收取的罚金越多，则农户发生道德风险行为的动机越弱。不发生道德风险时，农户种植食用农产品收益越高、组织给予的奖励越多、农户内心得到的宽慰越大，则农户发生道德风险行为的动机越弱。农户发生道德风险时内心承担的心理成本越高，则农户发生道德风险行为的动机越弱。在上述因素中，比如农户不发生道德风险得到内心的宽慰以及发生道德风险需承担的心理成本与农户个人特征、农户认知特征以及非正式制度特征有关。农户不发生道德风险行为时食用农产品种植收益与农产品生产特征①有关。农户发生道德风险被发现的概率以及政府收取的罚金则与政府规制特征以及非正式制度特征②有关。农户规范生产获得农业合作组织等给予的奖励则与生产环境特征有关。因此，结合当前农户生产实际可知，农户道德风险行为的发生可能会受到农户个人特征、农户认知特征、农产品生产特征、生产环境特征、政府规制特征以及非正式制度特征③等因素的综合影响。

二、影响因素

（一）前人研究成果归纳

国内对道德风险行为的研究主要集中于金融保险及医学领域，对农户道德风险行为的研究开始于 2007 年，以徐翔、周峰、张利国、方秋平、代云云等为代表的学者，从不同视角研究了我国安全食用农产品生产过程中农户道德风险问题，找出了显著影响农户道德风险行为的因素，为后来的研究奠定了坚实的基础，开拓了从防范农户道德风险视角治理食用农产品质量安全问题的先河。在这些学者的基础上，国内更多的学者开始关注我国食品及农产品领域存在的道德风险问题。比如，江南等（2009）基于委托—代理理论模型对奶制品供应链上的道德风险问题进行研究。徐成德（2010）对食品产业链各个环节道德风险的表现及成因进行了研究。尹新哲等（2013）对农产品产地批发市场道德风险进行了研

① 比如取得了“三品一标”认证的食用农产品，其出售收益一般比常规食用农产品更高。

② 主要是指农村自发形成的村规民约，通过发挥农村集体组织的作用，可以提高农户不规范生产被发现的概率，最终引导农户规范生产。

③ 非正式制度的内容将在第六章重点阐述。

究。王景利（2015）基于制度视角和流通主体视角，研究了显著影响农户道德风险行为的因素。张利国等（2016）从制度视角，研究我国农村自发形成的非正式制度对农户道德风险行为的影响。梳理国内外学者的研究成果，得出的影响食用农产品生产农户道德风险行为的因素，如表 4－1 所示。

表 4－1　影响农户道德风险行为的因素

一级指标	二级指标	影响方向	代表性作者
农户个人特征	年龄	正向	张利国（2008）
	性别	女性比男性更容易发生道德风险	周峰等（2007），方秋平（2010）
	受教育程度	负向	张利国（2008）
	风险偏好	负向	Ramaswami（1993），Dubois（2005）
农户家庭特征	家庭人口数量	负向	周峰等（2007）
	非农收入占比	正向	周峰等（2007）
农产品生产特征	种植面积	正向	周峰等（2007）
		负向	张利国（2008）
	种植年数	负向	方秋平（2010）
	商品化程度	负向	周峰等（2007）
	销售渠道	销售给小贩道德风险发生概率更大	代云云等（2011）
	销售收入占比	负向	周峰等（2007），方秋平（2010）
生产环境特征	农业技术指导	负向	张利国（2008）
	农业教育培训	负向	张利国（2008）
	是否与产业组织签订合同	负向	周峰等（2007），张利国（2008）
农户认知特征	农产品质量安全关心情况	负向	周峰等（2007）
	农村环境污染关心情况	负向	周峰等（2007）
	农产品安全知识了解情况	负向	张利国（2008），周峰等（2008）

续表

一级指标	二级指标	影响方向	代表性作者
政府规制特征	政府监管严格程度	负向	Norbert（2004），Mitchell，et al.（2004），徐翔等（2007），周峰等（2007），张利国（2008）
	处罚严厉程度	负向	徐翔等（2007），周峰等（2008）
收购方（买方）特征	检测力度	负向	周峰等（2011），方秋平（2010），代云云等（2011）
	惩罚力度	负向	周峰等（2011），代云云等（2011）
	责任追溯能力	负向	周峰等（2011），代云云等（2011）
非正式制度特征	传统文化看重情况	负向	张利国等（2016）
	传统文化约束力	负向	张利国等（2016）
	村规民约制定情况	负向	李学荣等（2017）
	道德观念约束力	负向	李学荣等（2017）

（二）理论分析

这些影响因素为本书的问卷设计及变量选取提供了很好的研究基础。但上述研究有些是八九年前的研究成果，调研数据可能是十多年前的，研究背景与当前我国食用农产品生产情况存在较大差异。为此，本书立足当前我国食用农产品生产实际情况，结合农村实地调研对农户生产行为的进一步把握，在前人研究的基础上，增加了一些可能会影响农户道德风险行为发生的因素，得出食用农产品生产农户道德风险行为影响因素的理论分析框架图，具体如图4－1所示。在图4－1中，一是在现有的“农户认知特征”及“农产品生产特征”中分别增加了“个人声誉或信用看重情况”变量及“‘三品一标’认证取得情况”变量，二是新增了“非正式制度特征”对农户道德风险行为的影响。

在“农户认知特征”中增加“个人声誉或信用看重情况”变量，主要基于以下考虑：农户生活在农村集体这个“熟人社会”里，为更好地与其他农户相处，部分农户可能比较看重自己在集体中的声誉或信用，而农户在平时的生产生活过程中，其行为将影响着其在农村集体中的声誉或信用，看重个人声誉或信用的农户，将会注意其在农村集体中的生产生活表现，那么农户对声誉或信用的看重情况是否会影响到农户道德风险行为的发生，这是本书需要验证的问题之一。

此外，从前文分析可知，由于缺乏合理的制度设计，农户道德风险行为难以从根本上遏制。因此，如果农户对“个人声誉或信用看重情况”变量显著影响农户道德风险行为的发生，则可以通过在农村试点建立农户生产行为信用体系，并将农户信用情况与政府发放给农户的“资源”挂钩，通过制度创新倒逼农户自觉规范生产，从而可以有效防范农户道德风险行为，这也可能是今后我国从源头保障食用农产品质量安全的有效措施之一。

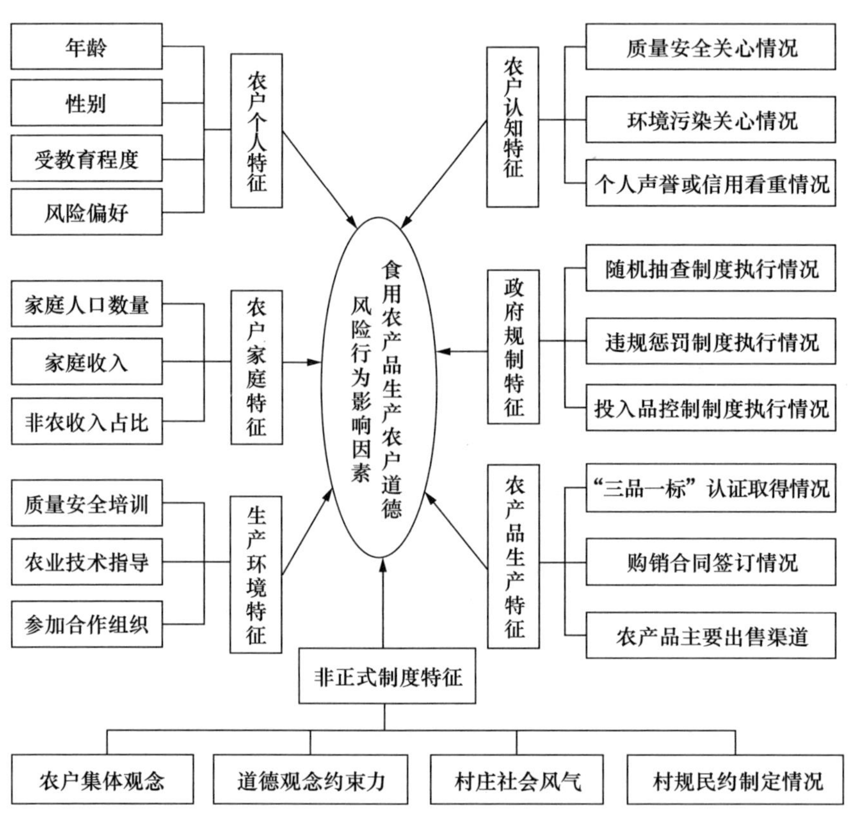

图4－1　食用农产品生产农户道德风险行为理论分析框架

在“农产品生产特征”中增加“‘三品一标’认证取得情况”变量，是基于以下考虑：前人多是对安全食用农产品生产农户道德风险行为发生影响因素的研究，而本书的研究对象既有安全食用农产品生产农户，也有常规食用农产品生产农户，增加这个变量的目的在于验证所种植食用农产品取得“三品一标”认证

是否会显著影响农户道德风险行为。此外，当前食用农产品生产的总体趋势是更多农户参与到安全食用农产品生产队伍中来，如果取得认证，能有效减少道德风险行为的发生，则可以通过完善我国“三品一标”认证及管理制度，以达到规范农户生产行为的目的，确保安全食用农产品真正安全。

新增“非正式制度特征”对农户道德风险行为的影响主要基于以下几点考虑：一是当前我国对农户行为的约束主要依靠正式制度（比如法律法规、行政指令等），但从实际执行情况看，由于农户分散经营，正式制度对农户生产行为的约束作用并不理想，而在某些农村地区，非正式制度在农村基层管理中却发挥着日益重要的作用。因此，本书尝试着验证非正式制度对农户道德风险行为的影响，并分析这种影响产生的机理；二是在农村调研时发现，农村集体组织是农村的基层管理单位，而这类基层管理单位对农户生产生活行为的规范与管理，并不是依靠法律的权威，而是依靠组织内部重要人物的权威（如族长、村主任等）、社会习俗、传统文化以及村规民约等非正式制度，村民在平时的生产生活中愿意遵守并且维护这些非正式制度，这也进一步增加了笔者的研究兴趣；三是当前国内外鲜有学者研究非正式制度对农户食用农产品生产行为的影响，更多的是研究非正式制度对农村公共产品供给、农户借贷行为、农户亲环境行为的影响（温莹莹，2013；纪志耿，2006；郭利京、赵瑾，2014），因此，本书在影响农户道德风险行为的众多因素中增加非正式制度这一大类。从研究的先后顺序看，本书先验证除非正式制度以外的各因素对农户道德风险行为的影响，然后在上述研究的基础上，把非正式制度因素考虑到农户道德风险行为影响因素集合中，并引入实证分析模型，进一步验证非正式制度对食用农产品生产农户道德风险行为的影响。这样一来，影响因素考虑得更加全面，其回归结果也将更准确，也更符合实际情况。

根据前人的研究成果，结合理论分析框架图，得出影响食用农产品生产农户道德风险行为发生的主要因素，这些因素对农户道德风险行为可能的影响原理大致如下。

1. 农户个人特征

农户个人特征主要包括农户年龄、性别、受教育程度以及风险偏好类型。一般而言，年龄越大的农户，越容易受传统生产方式的影响，能不施用农药则不施用农药，能用有机肥尽量用有机肥。此外，年龄大的农户，有比较充裕的时间，加上从事农业生产活动的机会成本相对较小一些，因而相比年轻人，其在农业生产活动上愿意花更多的时间，从而有精力按照生产规范的要求种植农作物，甚至精耕细作，因而越不容易发生道德风险行为。男性与女性相比，在从事农业生产活动的过程中更加理性，也更愿意学习新鲜事物，再加上未外出务工的男性，其参与农村集体活动的机会更多，也更注重他人对自己的评价，因而可能更注意其生产行为，所以和女性相比，越不容易发生道德风险行为。受教育程度的高低一方面影响着农户自身的综合素质，另一方面也影响着农户对新事物的接受能力以及对食用农产品质量安全、农村环境污染等的看法，一般而言，受教育程度越高的农户，越清楚自身行为对外界的影响，其行为自觉性、自律性越强，也更在乎他人对自己的评价，因而越不容易发生道德风险行为。与风险厌恶型农户相比，风险偏好型农户更看重行为带来的收益，为了收益敢于冒险。风险偏好对农户行为的影响具体体现在以下两方面：一方面，由于我国农业基础设施比较脆弱，加上抵御自然灾害的能力不强，导致农业生产风险增大，此时风险偏好型农户可能更多会顺其自然，尽量少施用化肥农药；另一方面，当农户种植规模较大，农业潜在收益比较可观的情况下，为获得更多的种植收益，农户可能不顾生产的种种约束，大量施用化肥、农药。也就是说，风险偏好类型对农户道德风险行为的影响方向还不确定，这与种植规模、农业风险大小等有关。

2. 农户家庭特征

农户家庭特征主要包括家庭人口数量、家庭收入、非农收入占比等。家庭人口较多的农户，其生活压力较大，抗风险能力较弱，因发生道德风险行为将承担巨大的家庭及社会压力，因此更倾向于规范生产，越不容易发生道德风险行为。家庭收入对农户道德风险行为的影响要看农户家庭收入的主要来源。如果农户家庭收入主要来源于务工收入，则说明其种植食用农产品主要是供家庭食用，因而这些农户倾向于采取规范的农业生产方式，越不容易发生道德风险行为。而如果农户家庭收入主要来源于农业生产，在当前农业生产不确定性较大的情况下，为获得更多的收入，农户倾向于不规范生产，越容易发生道德风险行为。非农收入占比的高低可以反映出农户家庭收入的来源及比重，该比重越高，说明农户农业生产的收益越少，农户的时间和精力更多用于非农就业，农户种植的食用农产品更多的是供家人食用，因而农户更倾向于规范生产，越不容易发生道德风险行为。

3. 农户认知特征

农户认知特征包括农户对食用农产品质量安全关心情况、对农村环境污染关心情况、对个人声誉或信用看重情况等。对食用农产品质量越关心的农户，越清楚不规范生产对食用农产品质量安全的不利影响，因而更倾向于规范生产，越不容易发生道德风险行为。对农村环境污染关心的农户，知道不规范生产对农村环境造成的负面影响，比如污染水体、空气、土壤等，因而在食用农产品生产中会注意自己的生产行为，尽量减少对农村环境造成污染，越不容易发生道德风险行为。对个人声誉或信用越看重的农户，越清楚不规范生产行为对个人声誉或信用的不利影响，因为在其他农户都规范生产而自己不规范生产的背景下，农户因不规范生产行为被发现或举报后将可能遭到其他农户的指责或排挤，农户将承担较大的心理成本或束缚，其将在农村“熟人社会”成为议论的焦点甚至被孤立，因而从长远看，农户倾向于规范生产，越不容易发生道德风险行为。

4. 农产品生产特征

农产品生产特征包括“三品一标”认证取得情况、购销合同签订情况、农产品主要销售渠道等。一般而言，所种植的食用农产品取得了“三品一标”认证的农户，清楚认证食用农产品从要素投入生产环节都有诸多要求与规范，也深知如果生产行为不符合认证的要求，认证资格将被取消，因而越不容易发生道德风险行为。签订了购销合同的农户，其与食用农产品收购方已经达成一种契约，如果食用农产品质量不符合要求，不仅影响到食用农产品的出售，更会影响到农户的收益，甚至影响到与收购方的长期合作关系，因而农户倾向于按照收购方的品质要求生产，越不容易发生道德风险行为。当前，农户食用农产品销售渠道主要有以下三种情况：即农户自己在市场出售、小贩上门收购和农业合作组织统一出售。一般而言，采取由农业合作组织统一出售的方式，食用农产品质量安全责任更容易追溯，食用农产品品质要求更多，因而，可以更好地约束农户生产行为，越不容易发生道德风险行为。

5. 生产环境特征

生产环境特征包括农户参加食用农产品质量安全培训情况、农户在农业生产过程中接受农业技术指导情况、农户参加农业合作组织情况等，从这三方面可以看出食用农产品生产过程中所处的外部生产环境的好坏。一般而言，生产环境越好，农户越容易接收到新政策、新技术和新知识，并最终影响到农户的生产行为。比如，农户参加过质量安全培训，则对食用农产品质量安全知识有一些了解，也可能通过培训后掌握了一些保证食用农产品质量安全的技术，因而倾向于规范生产，甚至还将这些知识传授给身边的农户，带领其他农户规范生产，越不容易发生道德风险行为。在生产过程中，接受过技术指导的农户，知道农药施用的合理剂量、农药施用的规范方法以及在食用农产品收获间隔期内施用农药对食用农产品质量安全的不利影响，甚至还会采纳技术人员建议的绿色生产技术，因而越不容易发生道德风险行为。参加了农业合作组织的农户，需按照组织的生产规范开展农业生产活动，否则将直接影响农户的切身利益，甚至影响到整个组织的利益，因而加入了农业合作组织的农户，越不容易发生道德风险行为。

6. 政府规制特征

政府规制特征包括随机抽查制度执行情况、违规惩罚制度执行情况、投入品控制制度执行情况等。这三个影响因素从不同方面反映出政府规制的严格情况。一般而言，政府规制越严格，农户越不容易发生道德风险行为。随机抽查制度执行情况越严格，农户违规生产越容易被发现，因而越不容易发生道德风险行为。违规惩罚制度执行情况越严格，农户因违规生产被发现后受到的惩罚越严厉，因而越不容易发生道德风险行为。投入品控制制度执行情况越严格，则农户获取违规禁用农业生产投入品越困难，越不容易发生道德风险行为。

7. 非正式制度

非正式制度包括农户集体观念、道德观念约束力、村庄社会风气、村规民约制定情况等。一般而言，农户集体观念越强，越注重自身行为对集体的影响，因而越不容易发生道德风险行为。认为道德观念约束力越强的农户，在开展农业生产活动过程中，越会从道德良知的角度去衡量其生产行为产生的后果，这些农户能够清楚辨别是非好坏、善恶美丑等，因而越不容易发生道德风险行为。村庄社会风气的好坏将影响到某种行为的传播与扩散，社会风气好的村庄，其村民之间传递的更多是正能量，坏的行为很快就会被抑制，而社会风气差的村庄，诸如不规范的生产行为将如“瘟疫”般快速蔓延与传播，因而村庄社会风气越好，越不容易发生道德风险行为。村规民约是农户共同参与制定的，农户会自觉按照村规民约的生产行为规范开展农业生产活动，如果农户行为与村规民约不一致，将影响到农户的切身利益，甚至受到处罚，因而越不容易发生道德风险行为。

本章小结

本章借助委托—代理理论以及信息不对称理论系统剖析农户道德风险行为发生的内在机理，并重点借鉴“贝—斯”模型，对影响农户道德风险行为的因素进行理论分析。借鉴前人的研究成果，结合当前我国食用农产品种植农户生产实际情况，可以发现，农户道德风险行为发生的原因主要有以下两大方面，即内部原因和外部原因。其中，内部原因包括农户生产行为的有限理性、农户存在机会主义倾向、农户追求种植收益最大化动机以及农户自律观念淡薄等，外部原因突出表现为食用农产品市场失灵、政府规制局限性以及组织发展水平低等方面，再加上农户生产行为信用体系尚未建立、经济社会发展导致农业生产机会成本显著上升等原因，导致农户生产行为缺乏相应外部约束，最终诱发了农户道德风险行为。在此基础上，借助“贝—斯”模型，从理论上对可能影响农户道德风险行为的因素进行分析，根据模型最终推导结果可知，农户道德风险行为的发生可能受到农户个人特征、农户认知特征、农户家庭特征、农产品生产特征、生产环境特征、政府规制特征以及非正式制度特征等因素的综合影响。根据上述研究结果，梳理了前人的研究结论，并结合本书的研究目标，增加了一些可能会影响农户道德风险行为发生的因素，得出食用农产品生产农户道德风险行为影响因素的理论分析框架图。在图 4－1 中，一是在现有的“农户认知特征”及“农产品生产特征”中分别增加了“个人声誉或信用看重情况”变量及“‘三品一标’认证取得情况”变量。二是新增了“非正式制度特征”对农户道德风险行为的影响，并简要解释了增加上述变量的主要原因。三是从理论层面分析了上述 23 个变量对农户道德风险行为的影响机理，为后续实证分析奠定基础。

第五章　食用农产品生产农户道德风险行为发生影响因素的实证分析

本章结合第四章理论分析得出的可能影响农户道德风险行为的因素，借鉴前人相关的研究成果，建立本书的理论模型，提出研究假说，设计调查问卷并开展农户调研，获取研究数据，然后借助二元 Logistic 回归模型及半参数 Logistic 回归模型对影响农户道德风险行为发生的因素进行实证分析，得出显著影响农户道德风险行为的因素。

第一节　模型构建与选择

一、理论模型构建

（一）委托—代理模型

安全、新鲜、优质、营养的食用农产品是老百姓日常生活的正常需求。这些食用农产品的需求者是消费者，供给者是生产者，也即广大食用农产品生产农户。消费者不种植食用农产品，而是由农户种植，然后在食用农产品市场上进行交易。通过交易，消费者购买到了所需的食用农产品，实现了效用的增加，农户出售了食用农产品，获得了种植收益。由委托—代理理论可知，食用农产品生产农户与消费者之间存在着一种委托—代理关系，其中，消费者是委托人，农户是代理人，消费者委托农户生产安全的食用农产品，以满足其日常需求。当然，在实际的食用农产品市场中，政府或企业也是农户生产行为的监管者，因此这种委托—代理关系的主体还应该包括政府、食用农产品收购企业以及加工企业等，即消费者、政府、收购企业、加工企业等共同委托农户生产安全的食用农产品，这些主体都关心食用农产品的质量安全水平。为使问题简单化，本书把这种委托—代理关系假定为只存在于消费者和生产农户之间的委托—代理关系。因此，消费者委托农户生产食用农产品，农户则结合自己的行为动机（比如获利），在一定的社会生产环境下，并将各种可能对其行为产生约束的因素考虑之后，开展食用农产品生产活动。

农户在生产食用农产品的过程中，受到来自诸如农户自身、农户家庭、其他农户、政府、农业合作组织、市场交易主体、农村集体组织等众多方面因素的约束。这些约束因素对农户生产行为的约束力因人、因地而异，通常表现为两种情况，即有约束力和无约束力。当约束因素对农户生产行为有约束力时，则农户会规范生产，最终生产出安全的食用农产品。当约束因素对农户生产行为无约束力或约束力弱时，则农户不规范生产，发生道德风险行为，导致最终生产出来的却是问题食用农产品，引发食用农产品质量安全问题。

当前，由于我国农户分散生产的特征，这无疑加大了监管难度，因而多数约束因素对农户生产行为是无约束力的。加上食用农产品种植过程中存在的信息不对称，委托人无法观测到代理人的生产行为，代理人也知道这一点。此外，委托人和代理人的利益存在冲突，委托人期望代理人为其生产安全的食用农产品，而农户则期望获得尽可能多的收益。而食用农产品存在质量与数量之间的矛盾，要质量就难以保证数量，进而收益就可能难以实现。因此，在利益驱使下，农户可能做出一些对委托人不利的行为，即不规范生产，比如在明知过量施用农药对食用农产品质量安全不利的情况下仍然发生上述行为等，从而发生道德风险行为，并可能引发食用农产品质量安全问题。当然，也有些约束因素对农户生产行为有约束力，在这些因素的约束下，农户规范生产，从而能生产出安全的食用农产品。因此，基于委托—代理视角，农户生产安全食用农产品过程中面临着各种约束因素，且约束力强弱直接决定着道德风险行为的发生与否。

农户生产行为理论模型具体如图 5 - 1 所示。根据该理论模型可知，约束农户行为的众多因素中，无约束力是农户道德风险行为发生的主要原因。为此，防范农户道德风险行为，也应从增强约束因素约束力入手。为此，下文将在此基础上，通过实证分析，找出对农户生产行为有约束力的因素，为后文有针对性提出防范措施提供科学依据。

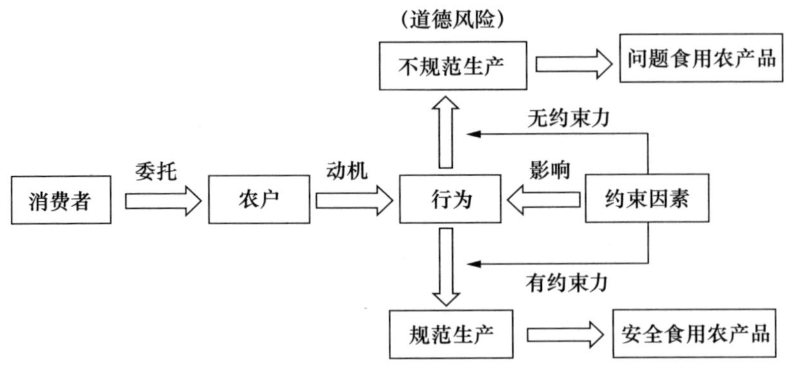

图5－1　农户生产行为理论模型

说明：图中的“安全食用农产品”并不都是取得了“三品一标”认证的食用农产品，而是和“问题食用农产品”相对应的，质量符合安全标准的食用农产品。

（二）农户行为约束理论模型

本书重点探讨农户道德风险发生机理及其影响因素。上文借助委托—代理模型，结合我国农户生产实际，得出当众多约束因素对农户生产行为无约束力时，农户在利益的驱使下，可能不规范生产，从而发生道德风险行为。究竟约束农户行为的因素有哪些呢？这些约束因素对农户道德风险行为有什么影响？借鉴前人相关研究成果，根据前文分析得出的结论，本部分构建约束因素与农户生产行为关系的理论模型。

从图5－2可以看出，农户在开展农业生产活动的过程中，面临的约束因素主要有两大类，即外在约束因素和内在约束因素。其中，外在约束因素包括农户家庭特征、农产品生产特征、生产环境特征、政府规制特征以及非正式制度特征五大类，而内在约束因素则包括农户个人特征及农户认知特征。这些约束因素又可以进一步细分，具体见上一章分析得出的可能影响农户道德风险行为的因素。农户在这些因素的约束下，开展食用农产品生产活动，表现出具体的生产行为。由于本书以农户道德风险为重点展开研究，所以该理论模型中所研究的农户生产行为就是农户在食用农产品生产过程中发生的道德风险行为，也即农户在各种内在及外在因素约束下，不规范生产所表现出来的行为。

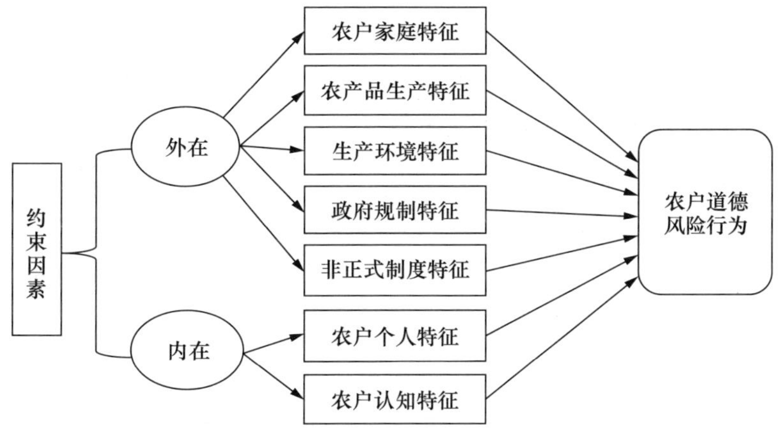

图 5-2　约束因素与农户生产行为关系的理论模型

二、实证模型选择

为提高实证分析的科学性与准确性，本部分首先运用二元 Logistic 回归模型找出影响农户道德风险行为发生的主要因素，并根据回归结果将全部因素分为两类：第一类为对农户道德风险行为影响显著的因素，将其命名为重要因素；第二类为影响不显著的因素，将其命名为非重要因素，然后将这两类因素分别纳入半参数 Logistic 回归模型的参数部分及非参数部分进行回归分析，得出重要因素对农户道德风险行为的影响方向及影响程度。因此，本书主要有两类回归模型①，具体如下。

（一）二元 Logistic 回归模型

考虑到食用农产品农药残留是消费者普遍关心的问题，借鉴周峰等（2007）、方秋平（2010）等的研究成果，本书以农户是否人为提高农药配比浓度、是否违

① 本书选择两种实证模型的理由如下：前人在分析农户道德风险行为影响因素时，基本上是用二元 Logistic 模型，但是该模型也存在缺陷，当调研数据不完全符合回归基本假设时，回归结果可能不够准确，因此本书借助半参数 Logistic 模型，以得出更加准确的回归结果。而半参数 Logistic 模型包含两部分，参数部分和非参数部分，参数部分包含的是对因变量影响显著的变量，而非参数部分包含的是对因变量影响不显著的变量，只有找出这两类变量，才能利用半参数 Logistic 模型进行实证分析。所以先借助传统二元 Logistic 模型得出有显著影响的变量和影响不显著的变量，然后纳入半参数 Logistic 模型进行回归分析，最终根据半参数 Logistic 模型的回归结果得出研究结论。

规施用禁用农药以及是否在收获安全间隔期内施用农药作为判定农户是否发生道德风险行为的依据。只要发生了上述三种行为中的一种或者多种，均视为发生了道德风险行为①。农户是否发生道德风险行为用 y 表示，则 y 只有两种情况：即发生了道德风险行为和没有发生道德风险行为，这属于离散选择问题。传统的回归模型，因变量的取值范围介于正无穷大与负无穷大之间，不能用来分析农户道德风险行为问题。故本书选用被广泛用于分析此类问题的二元 Logistic 回归模型，将因变量的取值限制在［0，1］，以此找出显著影响农户道德风险行为发生的因素。建立如下 Logistic 回归模型：

$$p = F(y = 1/X_i) = \frac{1}{1 + e^{-y}} \tag{5-1}$$

在公式（5－1）中，y 表示农户道德风险行为，只有两种取值，即 $y=1$ 或 $y=0$。其中 $y=0$，表示农户没有发生道德风险行为；$y=1$，表示农户发生了道德风险行为。p 表示农户道德风险行为发生的概率，$X_i(i=1, 2, \cdots, n)$ 被定义为可能影响农户道德风险行为发生的因素。

公式（5－1）中，y 是变量 $X_i(i=1, 2, \cdots, n)$ 的线性组合，即：

$$y = \beta_0 + \beta_1 x_1 + \beta_2 x_2 + \cdots + \beta_n x_n \tag{5-2}$$

在公式（5－2）中，β_0 为常数项，$\beta_i(i=1, 2, \cdots, n)$ 为第 i 解释变量的回归系数，若 β_i 为正，表示第 i 个因素对农户道德风险行为发生的影响为正；若 β_i 为负，表示第 i 个因素对农户道德风险行为发生的影响为负。

对公式（5－1）和公式（5－2）进行变换，得到以概率函数形式表示的二元 Logistic 回归模型，具体形式如下：

$$\ln\left(\frac{p}{1-p}\right) = \beta_0 + \beta_1 x_1 + \beta_2 x_2 + \cdots + \beta_n x_n + \varepsilon \tag{5-3}$$

---

① 根据第四章对道德风险行为发生机理的理论分析可知，对于理性农户而言，其是否发生道德风险行为取决于发生道德风险行为后其预期总效用比不发生道德风险行为时是否增加，如果增加了，则理性农户将选择不规范生产，从而发生道德风险行为。农户在施用农药过程中发生的上述三种行为中的一种或多种，将使其预期总效用增加，表现在以下两方面：一方面，上述行为的发生，在农户生产成本不增加的情况下，可以确保食用农产品产量不减少，因而相对来说可以增加总收益，最终农户的预期总效用将增加；另一方面，比如农户施用禁用农药或人为提高农药配比浓度，因为药效更好，施用农药的次数可能会减少，所以农户在收益不怎么增加的情况下，却可以降低生产成本，比如节约农药购买支出以及喷洒农药的人工成本等，所以最终农户的预期总效用也是增加的。因此，用这三种行为来测度农户道德风险行为是否发生符合前文的理论分析。

公式（5-3）中，ε 为随机扰动项。

根据公式（5-3），通过变换可求得概率 p 的计算公式：

$$p(y=1/x_i)=\frac{\exp(\beta_0+\beta_1x_1+\beta_2x_2+\cdots+\beta_nx_n)}{1+\exp(\beta_0+\beta_1x_1+\beta_2x_2+\cdots+\beta_nx_n)} \tag{5-4}$$

在其他变量不变的情况下，变量 x_i 由 0 变为 1 时，引起道德风险行为发生概率的变化为：

$$\begin{aligned}\Delta p&=p(y=1/x_i=1)-p(y=1/x_i=0)\\&=\frac{\exp(\beta_0+\beta_1x_1+\cdots+\beta_nx_n)}{1+\exp(\beta_0+\beta_1x_1+\cdots+\beta_nx_n)}-\frac{\exp(\beta_0+\beta_1x_1+\cdots+\beta_{n-1}x_{n-1})}{1+\exp(\beta_0+\beta_1x_1+\cdots+\beta_{n-1}x_{n-1})}\end{aligned} \tag{5-5}$$

这称为自变量变化的边际效应。

对于二元 Logistic 回归模型，目前用于该模型检验的统计量主要有沃尔德统计量（Wald）①、-2 对数似然值（-2LL），Cox & Snell R Square、Nagelkerke R Square 检验②。一般而言，Wald 值越大或其 Sig. 值（Wald 检验的系数为零的显著性概率）越小，显著性程度就越高，该变量也就越重要。

（二）半参数 Logistic 回归

二元 Logistic 回归模型属于参数回归模型，该类模型对回归函数有较强的基本假设。当模型假设成立时，其推断有较高的精度。然而在现实中，所收集的数据并不一定都满足这些基本假设。例如，在参数假设与实际情况不太一致的情况下，用参数模型进行回归分析，拟合结果就会很不理想，甚至出现一些错误的结论。与参数回归相对应的是非参数回归，该模型的最大特点是可以有任意的回归函数形式，此外，对解释变量和被解释变量的分布限

---

① Wald 检验统计量是回归系数的显著性检验统计量。SPSS 给出了各解释变量的 Wald 的统计值和对应的概率 P 值。如果概率 P 值小于给定的显著性水平 a，则应拒绝零假设，认为该解释变量的回归系数与零有显著差异，该解释变量与 $\ln\left(\frac{p_i}{1-p_i}\right)$ 之间的线性关系显著，应保留在模型中；反之，如果概率 P 值大于给定的显著性水平 a，则不应拒绝零假设，该解释变量与 $\ln\left(\frac{p_i}{1-p_i}\right)$ 之间的线性关系不显著，不应保留在模型中。

② Cox & Snell R Square 以及 Nagelkerke R Square 检验是回归方程的拟合优度检验。Cox & Snell R Square 与一般线性回归分析中的 R 有相似之处，也是方程对被解释变量变差解释程度的反映。Nagelkerke R Square 是修正的 Cox & Snell R Square，也反映了方程对被解释变量变差解释的程度。一般情况是，Nagelkerke R Square 的取值范围在 0~1，越接近于 1，说明方程的拟合度越高，而越接近于零，说明方程的拟合优度越低，但对于大样本，一般情况下，Cox & Snell R Square 以及 Nagelkerke R Square 值都偏小。

制也很少，因而该类模型适用范围较广。但非参数回归模型并不是万能的，且存在一些局限性，比如，当模型中包含较多解释变量时，极易出现“维度灾难”，出现方差急剧增大等现象①。此外，若根据经验或历史资料认为某个解释变量对被解释变量有较显著影响，使用非参数模型则无法充分利用已知信息，将显著降低模型的解释能力②。因此，在研究气候条件对电力需求的影响这一实际问题时，为了充分利用已知信息，以弥补非参数模型的不足同时发挥参数模型的优点，Rice 和 Engle（1986）等提出了半参数模型，其模型表达式详见式（5－6）。

半参数模型（Semi－Parametric Model）最先是由 Stone 于 1977 年提出，是将参数模型与非参数模型混合的一种模型，该模型既集中了线性部分（参数部分）的信息，而又不忽略干扰项（非参数部分）的作用，充分融合了线性模型和非参数模型的优点。如影响 Y 的因素分为两部分，X_1，…，X_p 及 T_1，…，T_q，根据经验和历史数据认为因素 X_1，…，X_p 与 Y 是线性的，而 T_1，…，T_q 则是某种干扰因素，它与 Y 的关系是完全未知的，但由于它的影响是系统性的，所以不能将它归入最后的误差项（尹超，2010）。此时，如用非参数回归加以处理，则会失去太多的信息，如将其按照线性模型加以处理，表示偶然误差的项必然包含了系统性成分，不再符合偶然误差的随机特征，则拟合效果很差。于是将参数模型与非参数模型混合，就产生了半参数回归模型，表达式如式（5－6）所示。半参数模型介于参数模型与非参数模型之间，结合了这两种参数模型的诸多优点，在不少实际问题中，可能是一个更接近于真实世界、更能充分利用数据信息的模型，从而可以处理单纯参数模型和非参数模型所难以解决的问题，因而在实际中有着广泛的应用。

$$Y_i = X_i'\beta + g(T_i) + \varepsilon_i \quad (i = 1, \cdots, n) \qquad (5-6)$$

其中，Y_i 为观测值，它依赖于 p 维解释变量 X_i' 和 q 维解释变量 T_i，$\beta = (\beta_1, \beta_2, \cdots, \beta_p)$ 是 p 维待估参数，$g(\cdot)$ 是未知函数部分，ε_i 为随机误差项，满足 $E(\varepsilon)=0$，$\mathrm{Var}(\varepsilon)=\sigma^2$。该模型有线性部分 $X_i'\beta$，可以把握大势走向，适合于外延预测，还有非参数部分 $g(T_i)$，可以作局部调整，使数据较精确地拟合。

①② 潘雄．半参数模型的估计理论及其应用［D］．武汉大学，2005.

本书探讨的农户道德风险行为用 Y_i 表示，而 Y_i 是一个离散二分类变量，半参数模型不适合分析本书讨论的问题，为此，需借助半参数 Logistic 回归模型。半参数 Logistic 回归模型属于广义部分线性模型，广义部分线性模型的形式为：

$$Y_i = f[\beta X_i^T + g(t_i)] + \varepsilon_i \tag{5-7}$$

其中，f 是一个已知函数，称为联系函数，当 $f(\cdot) = \exp(\cdot)/[1+\exp(\cdot)]$ 时，就得到了另一种半参数模型：

$$Y_i = \frac{e^{\beta X_i^T + g(t_i)}}{1 + e^{\beta X_i^T + g(t_i)}} + \varepsilon_i \tag{5-8}$$

也就是半参数 Logistic 回归模型，此时的 Y 服从伯努利分布，Y_i 表示第 i 个农户发生道德风险行为的概率，ε_i 是相互独立的随机误差项，它也服从伯努利分布。β 为 p 维待估参数，$g(t)$ 是未知函数。通过拟似然估计就可以得到 β 的估计①。将半参数 Logistic 回归模型应用到农户行为研究领域，可以更好地弥补二元 Logistic 回归模型的不足，更准确地找出影响农户道德风险行为的因素，为规范农户行为提供可靠依据。

第二节　研究假说与变量定义

一、研究假说

根据已有相关研究成果及实地调查情况，以食用农产品生产农户作为研究对象，对农户在食用农产品生产过程中影响其道德风险行为发生的因素提出以下研究假设：

H1：农户个人特征，如年龄、性别、受教育程度、风险偏好等对农户道德风险行为有显著影响。其中，假设年龄越大、性别为男性、受教育程度越高、风险厌恶型的农户，越不容易发生道德风险行为。

① 限于篇幅，本书参数估计的推导过程省略，读者可参阅下述论文：尹超．基于半参数 Logistic 回归模型的我国财产保险公司偿付能力研究［D］．天津财经大学，2010.

H2：农户家庭特征，如家庭人口数量、家庭收入、非农收入占比等对农户道德风险行为有显著影响。其中，假设家庭人口数量越多、家庭收入越高、非农收入占比越高的农户，越不容易发生道德风险行为。

H3：农产品生产特征，如农户所种植食用农产品是否取得“三品一标”认证、是否与食用农产品收购方签订购销合同、食用农产品的主要出售渠道等对农户道德风险行为有显著影响。其中，假设所种植食用农产品取得了“三品一标”认证并与收购方签订了购销合同、食用农产品由农业合作组织负责出售的农户，越不容易发生道德风险行为。

H4：生产环境特征，如农户质量安全培训参加情况、农业技术指导情况、农业合作组织参加情况等对农户道德风险行为有显著影响。其中，假设参加过质量安全培训、接受过农业技术指导、参加了农业合作组织的农户，越不容易发生道德风险行为。

H5：农户认知特征，如农户对食用农产品质量关心情况、农户对农村环境污染关心情况、农户对个人声誉或信用看重情况等对农户道德风险行为有显著影响。其中，假设对食用农产品质量安全越关心、对农村环境污染越关心、对个人声誉或信用越看重的农户，就越不容易发生道德风险行为。

H6：政府规制特征，如政府随机抽查制度执行情况、违规惩罚制度执行情况、投入品控制制度执行情况等对农户道德风险行为有显著影响。其中，假设政府随机抽查制度、政府违规惩罚制度、投入品控制制度执行情况越严格，农户越不容易发生道德风险行为。

二、变量定义

在综述有关农户道德风险和农户生产行为研究文献的基础上，结合研究假说，本部分先从六个方面来分析影响农户道德风险行为的因素，具体包括农户个人特征（$x_1 \sim x_4$）、农户家庭特征（$x_5 \sim x_7$）、农户认知特征（$x_8 \sim x_{10}$）、农产品生产特征（$x_{11} \sim x_{13}$）、生产环境特征（$x_{14} \sim x_{16}$）以及政府规制特征（$x_{17} \sim x_{19}$），共19个变量，各变量名称、符号、定义及对因变量影响的预期作用方向如表5－1所示。

表 5－1　变量名称、定义及预期作用方向

变量名称	变量定义	预期作用方向
农户道德风险行为（y）	0＝未发生，1＝发生了	－
农户个人特征		
年龄（x_1）	1＝29 岁及以下，2＝30～39 岁，3＝40～59 岁，4＝50～59 岁，5＝60 岁及以上	－
性别（x_2）	1＝男性，2＝女性	－
受教育程度（x_3）	1＝文盲，2＝小学，3＝初中，4＝高中或中专，5＝大专及以上	－
农户风险偏好（x_4）	1＝风险厌恶型，2＝风险中性，3＝风险偏好型	＋
农户家庭特征		
家庭人口数量（x_5）	1＝2 人及以下，2＝3 人，3＝4 人，4＝5 人，5＝6 人及以上	＋
家庭收入（x_6）	1＝1 万元及以下，2＝1.1 万～3 万元，3＝3.1 万～5 万元，4＝5.1 万～7 万元，5＝7.1 万元及以上	－
非农收入占比（x_7）	1＝20%及以下，2＝21%～40%，3＝41%～60%，4＝61%～80%，5＝81%及以上	－
农户认知特征		
食用农产品质量安全关心情况（x_8）	1＝不关心，2＝比较关心，3＝非常关心	－
环境污染关心情况（x_9）	1＝不关心，2＝比较关心，3＝非常关心	－
个人声誉或信用看重情况（x_{10}）	1＝不看重，2＝比较看重，3＝非常看重	－
农产品生产特征		
“三品一标”认证取得情况（x_{11}）	0＝没有取得，1＝取得了	－
购销合同签订情况（x_{12}）	0＝没有签订，1＝签订了	－
农产品出售主要渠道（x_{13}）	1＝自己负责出售，2＝小贩上门收购，3＝组织统一销售	－
生产环境特征		
质量安全培训参加情况（x_{14}）	0＝没有参加，1＝参加了	－
农业技术指导情况（x_{15}）	0＝没有接受过指导，1＝接受过指导	－
农业合作组织参加情况（x_{16}）	0＝没有参加，1＝参加了	－

续表

变量名称	变量定义	预期作用方向
政府规制特征		
随机抽查制度执行情况（x_{17}）	1 = 不严格，2 = 比较严格，3 = 非常严格	-
违规惩罚制度执行情况（x_{18}）	1 = 不严格，2 = 比较严格，3 = 非常严格	-
投入品控制制度执行情况（x_{19}）	1 = 不严格，2 = 比较严格，3 = 非常严格	-

第三节　问卷设计与数据收集

一、问卷设计

农户食用农产品生产行为数据需要通过问卷调查的方法获取。为此，本书采取问卷调查的方式，充分考虑数据的易获得性及客观性，设计问卷，在所选择的调查区域获取农户调研第一手数据资料。

问卷设计的主要目的是调查粮食、蔬菜、水果三种常见食用农产品，以及生产农户在明知过量施用农药对这些食用农产品质量安全有负面影响的情况下，是否发生道德风险行为，比如施用禁用农药，或在收获安全间隔期内施用农药，或人为提高农药配比浓度等。同时了解农户道德风险行为发生情况以及影响该行为的主要因素，然后针对性地提出防范措施，以引导农户规范其生产行为，确保食用农产品质量安全。

本书按照以下步骤完成问卷设计工作：

第一，确定问卷的调查内容。在大量文献阅读的基础上，梳理测度农户道德风险行为的方法，以及农户道德风险行为的影响因素，再结合研究目标，确定好问卷的主要问题及选项。问卷设计围绕当前我国农户食用农产品生产实际，充分考虑约束农户行为的各因素，包括农户个人特征、农户家庭特征、农户认知特征、农产品生产特征、生产环境特征、政府规制特征以及非正式制度特征，从这

些因素中找出显著影响农户道德风险行为的因素。

第二，确定问卷的类型。问卷格式按照国际学术界通用的标准来设计，即用若干个指标来描述和反映一个变量，并将研究中所涉及的变量用数值表示出来。例如，年龄为离散型变量，按实际年龄填写，比如 21 岁；性别为二分类变量，用“1”表示男性，用“2”表示女性。同时，为了提高调研效果，问卷采用封闭性访问类型，即问卷答案选项已经确定好，且由调查者根据被调查者的回答在问卷上做记录。

第三，确定问卷的调查对象。农户调研的主要目标是准确了解我国食用农产品生产农户道德风险行为发生情况及其影响因素。由于粮食、蔬菜、水果是老百姓日常生活中最常接触到的食用农产品，这些食用农产品的农药残留也是消费者普遍关心的问题，加上我国多数地区存在农户分散生产的特征，导致政府对这些食用农产品生产农户监管缺失，因而农户道德风险行为发生情况可能比较严重，所以调研组选择了这三类食用农产品的生产农户作为调查对象。调查区域考虑了调查的便利性及调查成本，最终调查样本来源于我国产粮大省及重要蔬菜水果生产基地。由于农户道德风险发生的内在驱动因素是获取更多的种植收益，因此，生计农户不是本书的调查对象。

第四，预调研与问卷最终稿。为更全面准确地反映所调研的问题，保证调研的效果，并使问卷的语言更便于理解，调研组在正式调研之前选择在江西省南昌县开展预调研，以检查问卷的合理性和可行性，并根据预调研过程中发现的问题，对问卷存在的不足之处进行修订与完善。问卷设计和修订过程中还听取了多位专家学者的意见，并召开了多次内部小型讨论会，经过反复修订之后，得到调查问卷的最终稿，具体见文后附录一。

二、数据收集

本书通过问卷调查的方式获取实证分析所需的数据。调查首先将全国分为东部（包括 4 个省份，即福建、浙江、江苏及山东）、中部（包括 4 个省份，即江西、安徽、湖南及河南）及西部（包括 4 个省份，即甘肃、贵州、云南及广西）三个区域，然后在每个省份随机抽样 2 个县，每个县随机抽样 2 个乡镇，每个乡镇随机抽取 20 个左右的农户进行调研。同时，考虑到受访农户的文化层次，为避免农户理解上的偏差而影响问卷回答的真实性和有效性，调查前就此次农户调查的目的、意义、调查技巧及调查注意事项对调研员进行了统一培训，并于2015年4月在南昌县进行了预调研。预调研一方面了解当地食用农产品农药残留情况，另一方面从农技部门及农药经销部门了解农药销售品种及施用剂量等情况，从而间接地获取农户农药施用相关信息。正式调研采取调研员与农户一对一实地面访的形式，调研员由部分华东交通大学13级本科生及江西财经大学硕士研究生组成。调研从2015年7月开始，一直持续到暑假结束。

正式调研时，调研员首先向农户说明调研的目的及意义，接着询问农户是否知道不规范施用农药会对食用农产品质量安全造成不利影响。如果农户的回答是否定的，则与农户后续交流获取的数据不作为本书调研的有效数据。如果农户的回答是肯定的，则由调查员继续根据设计好的问卷与农户访谈，获取所需调研数据。本次调研的主要目的在于了解我国食用农产品生产农户，在明知不规范施用农药对食用农产品质量安全不利的情况下，是否发生道德风险行为以及哪些因素影响着道德风险行为的发生。本书假设农户的回答都是真实可靠的。本次调研共发放农户调查问卷1100份，经过仔细核查，剔除信息不完整及信息明显错误的问卷176份，最终得到有效问卷924份，有效率84.0%。

第四节　描述性统计分析

一、农户个人特征

从表5-2可以看出，在924份有效样本中，农户个人具有以下特征：从调查农户年龄结构看，主要集中在40～59岁，比重高达69.9%，这与我国目前农村劳动力年龄结构相符合，在农村调研时发现，农村劳动力主要由老年人及妇女构成，而青壮年劳动力多数都在外务工。从性别构成看，男性742人，占80.3%，女性182人，占19.7%。从受教育程度看，学历在初中及以下的766人，比重高达82.9%，而高中及以上仅有158人，占17.1%，说明当前农村农户的受教育程度普遍偏低，这不仅影响到国家政策在农村的宣传推广效果，更加大了政府监管的难度，也增加了农户不规范生产的可能性。为判断农户风险偏好

类型，问卷中设计了一道题目，即“如果有两个项目A和B，A项目有50%的可能性——赚3000元，也有50%的可能性——赚1000元；B项目稳赚2000元；你更倾向于选择哪一个项目?”，如果农户选择A项目，即认为其是风险偏好型，如果农户选择B项目，即认为其是风险厌恶型，如果农户无所谓选择哪个项目，则认为农户风险偏好类型为风险中性。从选择情况来看，选择B项目（风险厌恶型）的有485人，占52.5%，选择A、B项目都无所谓的有372人，占40.2%，选择A项目（风险偏好型）的有67户，占7.3%。

表5-2 被调查农户个人基本情况

一级指标	二级指标	选项	人数	所占百分比（%）	累计百分比（%）
农户个人特征	年龄	29岁及以下	44	4.8	4.8
		30~39岁	113	12.2	17.0
		40~49岁	411	44.5	61.5
		50~59岁	235	25.4	86.9
		60岁及以上	121	13.1	100.0
	性别	男	742	80.3	80.3
		女	182	19.7	100.0
	受教育程度	文盲	107	11.6	11.6
		小学	330	35.7	47.3
		初中	329	35.6	82.9
		高中或中专	132	14.3	97.2
		大专及以上	26	2.8	100.0
	风险偏好	风险厌恶型	485	52.5	52.5
		风险中性	372	40.2	92.7
		风险偏好型	67	7.3	100.0

二、农户家庭特征

在924份有效样本中，农户家庭存在以下特征：从家庭人口数量看，农户家庭人口数量普遍在4~5人，共计553户，占59.8%，4人以下的155户，占16.8%，6人及以上的216户，占22.4%，这说明当前农村家庭的规模普遍偏小。此外，在调研时发现，农户家庭中，劳动人口并不多，还有不少正在接受教育，或是老龄人口，这种情况的存在导致农村劳动力呈短缺趋势。从农户家庭年收入特征看，年收入在 5 万元及以下的有 643 户，占 69.6%，说明当前农户家庭收入水平普遍偏低，农户收入来源有限。此外，农户农业生产获得的收入更低，在与农户交谈时发现，多数农户种植食用农产品满足家庭消费后，每年出售食用农产品得到的收入多数都不超过 3000 元。从农户家庭非农收入占比的情况看，比重在 40% 以上的有 653 户，占 70.7%，这说明绝大多数家庭的收入都来源于非农收入。

表 5－3　被调查农户家庭基本情况

一级指标	二级指标	选项	人数	所占百分比（%）	累计百分比（%）
农户个人特征	家庭人口数量	2 人及以下	52	5.6	5.6
		3 人	103	11.2	16.8
		4 人	319	34.5	51.3
		5 人	234	25.3	77.6
		6 人及以上	216	23.4	100.0
	家庭收入	1 万及以下	125	13.5	13.5
		1.1 万～3 万元	328	35.5	49.0
		3.1 万～5 万元	190	20.6	69.6
		5.1 万～7 万元	130	14.1	83.7
		7.1 万元及以上	151	16.3	100.0
	非农收入占比	20% 及以下	124	13.4	13.4
		21%～40%	147	15.9	29.3
		41%～60%	159	17.2	46.5
		61%～80%	196	21.2	67.7
		81% 及以上	298	32.3	100.0

注：农户家庭收入为年收入，非农收入占比指农户家庭年非农收入与年总收入之比。

三、农产品生产特征

随着我国经济社会的发展，老百姓消费观念不断升级，对“三品一标”安全食用农产品需求大幅增加。“三品一标”食用农产品对产地环境、投入品、生产标准等都有严格的要求，在一定程度上确保了食用农产品质量，同时农户也可以获得比常规食用农产品更好的经济收益。从调研获取的数据来看，没有取得“三品一标”认证的有615户，占66.6%，取得“三品一标”认证中的一种或多种的有309户，占33.4%。从农产品购销合同签订情况来看，没有签订购销合同的有772户，占83.5%，签订了购销合同的152户，占16.5%。从食用农产品主要出售渠道看，由农户自己负责出售的有405户，占43.8%，由小贩上门收购的有451户，占48.8%，由组织统一销售的有68户，占7.4%。

表5-4　被调查农户食用农产品生产特征

一级指标	二级指标	选项	人数	所占百分比（%）	累计百分比（%）
农产品生产特征	“三品一标”认证取得情况	没有取得	615	66.6	66.6
		取得了	309	33.4	100.0
	购销合同签订情况	没有签订	772	83.5	83.5
		签订了	152	16.5	100.0
	食用农产品出售主要渠道	自己负责出售	405	43.8	43.8
		小贩上门收购	451	48.8	92.6
		组织统一销售	68	7.4	100.0

四、生产环境特征

农户规范合理的生产活动离不开政府的教育与引导。为保证食用农产品质量安全，地方政府不仅举办各类食用农产品质量安全培训，还会下派农业技术人员到田间地头指导农户种植食用农产品，这些都给食用农产品生产提供了一个很好的外部环境。此外，近些年来，各种形式的农业合作组织发展迅速，从农业投入、生产、销售等众多环节给成员提供指导与服务，促进了地方农业的规模化、科技化发展。从农户参加质量安全培训的情况看，没有参加的有772户，占83.5%，参加了的有152户，占16.5%。从实际调研了解到，在这152户中，大多数还是当地的农业大户或种养能手，而普通农户很少参加，这也导致很多质量安全控制技术和知识难以传达到农户，影响到国家农业政策的推广及执行效果。从农业技术指导的情况看，农户在种植食用农产品的过程中，没有接受过技术指导的有692户，占74.9%，接受过农业技术指导的有232户，占25.1%，说明农业技术指导普及率较低，原因可能在于很多农户习惯于传统粗放的耕作方式，不需要指导，或者当前各地农业技术人员短缺。从农业合作组织参加情况看，没有参加农业合作组织的有820户，占88.7%，参加了的有104户，占10.3%，原因可能与当地农业产业发展水平有关，比如还处于比较低级的阶段，农户习惯于家庭分散生产，也与农户的风险偏好、农户对未来收入的预期有关。

表5-5　食用农产品的生产环境特征

一级指标	二级指标	选项	人数	所占百分比（%）	累计百分比（%）
生产环境特征	质量安全培训参加情况	没有参加	772	83.5	83.5
		参加了	152	16.5	100.0
	农业技术指导情况	没有接受过	692	74.9	74.9
		接受过	232	25.1	100.0
	农业合作组织参加情况	没有参加	820	88.7	88.7
		参加了	104	10.3	100.0

五、农户认知特征

农户认知特征是农户基于自身文化水平及生产生活经历而形成的对食用农产品质量安全、农村环境污染以及个人声誉或信用的一些内在的认识，属于农户自律的范畴，也可能是影响农户生产行为的关键因素。农户认知特征主要用来调查农户对其生产的食用农产品质量关心情况，以及对农村环境污染关心情况以及对个人声誉或信用的看重情况，这些指标能反映出农户的质量安全意识、环境保护意识以及信用意识。

从食用农产品质量关心情况看，对所生产的食用农产品质量不关心的有105人，占11.4%，原因可能在于这些农户生产的食用农产品主要用于出售，其生产食用农产品过程中可能存在“一家两制”的情况，即一部分供自己食用，另一部分用于出售；比较关心的有542人，占58.6%，非常关心的有277人，占30.0%，这说明从总体来看，还是有比较多的农户关心食用农产品质量安全，这也可能与新闻媒体报道的众多食用农产品质量安全事件有关，让农户逐渐意识到食用农产品质量安全对老百姓身心健康的重要性。从环境污染关心情况看，对农

表 5－6　被调查农户对质量安全等的认知情况

一级指标	二级指标	选项	人数	所占百分比（%）	累计百分比（%）
农户认知特征	对食用农产品质量关心情况	不关心	105	11.4	11.4
		比较关心	542	58.6	70.0
		非常关心	277	30.0	100.0
	对农村环境污染关心情况	不关心	140	15.2	15.2
		比较关心	577	62.4	77.6
		非常关心	207	22.4	100.0
	对个人声誉或信用看重情况	不看重	156	16.9	16.9
		比较看重	516	55.8	72.7
		非常看重	252	27.3	100.0

村环境污染不关心的农户有 140 人，占 15.2%，比较关心的有 577 人，占 62.4%，非常关心的有 207 人，占 22.4%，这说明随着农村环境的恶化，加上农户对自身身体健康的重视，越来越多的农户意识到环境污染的危害，对环境污染关心的农户越来越多。从个人声誉或信用看重情况来看，农户不看重个人声誉或信用的有 156 人，占 16.9%，比较看重的有 516 人，占 55.8%，非常看重的有 252 人，占 27.3%，这说明随着经济社会的发展，农村社会整体文明程度逐步提高，农户看重其在农村这个“熟人社会”里的声誉与信用，因而对个人声誉或信用越来越看重。

六、政府规制特征

政府规制作为一种正式制度，是当前我国政府对农户生产行为进行监管的形式之一。当前，由于我国农户种植的规模偏小、生产高度分散的基本特征，导致政府对农户行为监管难度大、成本高、效率低，政府规制的作用难以发挥，这反过来诱使农户产生投机念头，敢于采取一些违规的生产方式。

从调研的情况看，认为政府随机抽查制度执行不严格的有 441 人，占 44.5%，原因可能在于政府随机抽查的成本高，加上在抽查过程中，农户也不一定配合，导致随机抽查走形式，对这部分农户没有产生约束力，因而其会认为不严格；认为比较严格的有 409 人，占 44.2%，原因可能在于这些农户在种植食用农产品过程中，被有关政府工作人员检查过，或其食用农产品出售到农贸市场上有工作人员对其产品进行过检查，并且方式方法多样，从而这些农户会认为比较严格；认为非常严格的有104人，占11.3%。

表5-7 被调查农户对政府规制的认识

一级指标	二级指标	选项	人数	所占百分比（%）	累计百分比（%）
政府规制特征	随机抽查制度执行情况	不严格	441	44.5	44.5
		比较严格	409	44.2	44.2
		非常严格	104	11.3	100.0
	违规惩罚制度执行情况	不严格	384	41.6	41.6
		比较严格	425	46.0	87.6
		非常严格	115	12.4	100.0
	投入品控制制度执行情况	不严格	350	37.9	37.9
		比较严格	447	48.4	86.3
		非常严格	127	13.7	100.0

从政府违规惩罚制度执行情况来看，认为不严格的有384人，占41.6%，原因可能在于这些农户在从事农业生产活动的过程中，发生过违规生产行为，但却没有被发现，也就没有被处罚，或者即使被发现了，政府更多的只是给予批评教育，没有经济上的惩罚，所以这些农户认为政府的惩罚制度不严格；认为比较严格的有425人，占46.0%；认为非常严格的有115人，占12.4%。

从政府投入品控制制度执行情况来看，认为不严格的有350人，占37.9%，原因可能在于这些农户在施用农药的过程中，一是可选农药品种多，农户可以根据他人提供的信息或者农资经销商的推荐购买农药，也可以根据自己的经验及需要购买农药，甚至还可以购买到禁用农药；二是农药购买渠道多，农户可以在村镇农资售卖点购买，也可以在农技推广站购买，甚至还可以在农资流动下乡服务车上购买，非常方便，没有任何约束；三是购买手续简单方便，农户不需要提供证件或者办理实名登记等，就可以买到想要的农药，所以农户会认为政府对农药施用的控制制度执行不严格。认为比较严格的有447人，占48.4%，认为非常严格的有127人，占13.7%，原因可能在于这些农户在施用农药的过程中，受到诸多限制，比如限制了农药品种，或是指定了购买渠道甚至还需要实名购买等。

七、农户道德风险行为发生情况

问卷中通过三个问题来反映农户道德风险行为的发生情况：①农户在施用农药过程中是否人为提高农药配比浓度；②是否在食用农产品收获安全间隔期内施用农药；③是否施用过禁用农药。本书规定，只要发生了上述三种行为中的一种即认为发生了道德风险行为。调查数据显示，在924份有效样本中，发生了道德风险行为的有447户，占48.4%，其中仅提高农药配比浓度的有141户，占18.0%，仅在收获安全间隔期内施用农药的有97户，占10.5%，仅施用禁用农药的有66户，占7.1%，发生上述三种行为中两种的有65户，占7.0%，三种行为都发生过的有39户，占4.2%。

表5-8　农户不规范农药施用行为发生情况

项目	已发生人数	未发生人数	发生比（%）
道德风险行为	447	477	48.4
其中：人为提高农药配比浓度	254	670	27.5
在收获安全间隔期内施用农药	181	743	19.6
施用禁用农药	105	819	11.4

调查数据表明，当前调研区域农户道德风险行为发生的情况比较严重，在924份有效样本中，有近50%的农户在生产食用农产品的过程中存在不规范的农药施用行为。通过与农户进一步交流发现，农户之所以在明知不规范农药施用行为对食用农产品质量安全不利的情况下还发生上述行为，主要原因在于农户认为诸如"人为提高农药配比浓度以及在收获安全间隔期内施用农药"对食用农产品质量安全虽有危害但危害不大，所以这两种不规范农药施用行为发生的情况要比"施用禁用农药"更严重。虽然农户认为危害不大，但如果大量农户经常发生上述行为势必会影响到整个市场上食用农产品的质量安全水平。这些属于本书界定的道德风险行为，必须加以有效防范。

表5-9基于农户生产食用农产品的不同特征，对道德风险行为的发生情况进行统计分析，具有以下一些基本特征。

表5-9 农户道德风险行为发生情况

项目		样本数	占比（%）	已发生人数	未发生人数	发生比（%）
认证取得情况	未取得认证	615	66.6	324	291	52.6
	取得认证	309	33.4	123	186	39.8
购销合同签订情况	未签订	772	83.5	392	380	50.1
	签订	152	16.5	55	97	36.2
农产品出售渠道	自己负责出售	405	43.8	207	198	51.1
	小贩上门收购	451	48.8	218	233	48.3
	组织统一销售	68	7.4	22	46	32.4
合作组织参加情况	未参加	820	88.7	404	416	49.3
	参加	104	11.3	43	61	41.4

从农户所种植食用农产品“三品一标”认证取得情况来看，在924份有效样本中，未取得“三品一标”认证的农户有615户，占比66.6%，其中发生了道德风险行为的有324户，占比52.6%；取得了“三品一标”认证的农户有309户，占比33.4%，其中发生了道德风险行为的有123户，占比39.8%。调研数据显示，所种植食用农产品取得了“三品一标”认证的农户，道德风险行为发生的可能性更低。

从农户食用农产品购销合同签订情况看，在924份有效样本中，未签订食用农产品购销合同的农户有772户，占比83.5%，其中发生了道德风险行为的有392户，占比50.1%；签订了食用农产品购销合同的农户有152户，占比16.5%，其中发生了道德风险行为的有55户，占比36.2%。调研数据显示，签订了食用农产品购销合同的农户，道德风险行为发生的可能性更低。

从农户食用农产品主要出售渠道来看，在924份有效样本中，食用农产品由农户自己负责出售的有405户，占比43.8%，其中发生了道德风险行为的有207户，占比51.1%；食用农产品由小贩上门收购的有451户，占比48.8%，其中发生了道德风险行为的有218户，占比48.3%；食用农产品由组织负责统一销售的有68户，占比7.4%，其中发生了道德风险行为的有22户，占比32.4%。调研数据显示，食用农产品由组织统一销售的农户，其道德风险行为发生的可能性越低。

从农户农业合作组织参加情况看，在924份有效样本中，未参加农业合作组织的农户有 820 户，占比 88.7%，其中发生了道德风险行为的有 404 户，占比 49.3%；参加了农业合作组织的农户有 104 户，占比 11.3%，其中发生了道德风险行为的有 43 户，占比 41.4%。调研数据显示，参加了农业合作组织的农户，其道德风险行为发生的可能性更低。

第五节　实证分析与结果

本部分根据调研数据，借助二元 Logistic 回归模型和半参数 Logistic 回归模型得出显著影响农户道德风险行为的因素，并验证前文提出的研究假设。为得出准确的研究结论，验证各因素对农户道德风险行为是否有影响，以及具体的影响方向和影响程度，本部分先采用传统二元 Logistic 回归模型，并根据回归结果，将影响因素分为两类，即有显著影响的因素及不显著影响的因素，然后再对其进行半参数 Logistic 回归分析，得出显著影响因素对农户道德风险行为的影响方向及影响程度（用边际效应表示），并将两个模型的回归结果进行比较分析。

一、基于二元 Logistic 回归模型

（一）模型估计

借助 SPSS20.0 软件，选择向后 Wald 逐步回归法[①]，对模型进行二元 Logistic 回归分析，最终结果如表 5－10 所示。

表 5－10　二元 Logistic 模型回归结果

	B	S. E.	Wals	df	Sig.	exp（B）
非农收入占比（x_7）	－0.173	0.061	8.176	1	0.004	0.841
食用农产品质量关心情况（x_8）	－1.369	0.136	100.773	1	0.000	0.254
个人声誉或信用看重情况（x_{10}）	－0.412	0.116	12.677	1	0.000	0.662

① 向后逐步回归法的运作逻辑是在把全部变量引入回归方程的前提下，逐步进行变量的显著性检验，每次回归都会把上次回归结果中值最小的变量剔除出去，然后再重新进行回归，并进行检验，直到所有变量都显著为止（刘瑞峰、柴军、陈彤，2009）。

续表

	B	S. E.	Wals	df	Sig.	exp（B）
“三品一标”认证取得情况（x_{11}）	-0.471	0.172	7.553	1	0.006	0.624
购销合同签订情况（x_{12}）	-0.490	0.226	4.725	1	0.030	0.612
投入品控制制度执行情况（x_{19}）	-0.369	0.114	10.394	1	0.001	0.692
常量	5.046	0.475	112.928	1	0.000	155.332

注：①模型结果检验：卡方 = 210.675，自由度 = 6，显著性水平 = 0.000，-2 log Likelihood = 1069.287，Cox & Snell R Square = 0.204，Nagelkerke R Square = 0.272；

②模型 Hosmer 和 Lemeshow 检验的卡方值为 8.221，显著性水平为 0.412 > 0.05，说明模型较好拟合数据。

③ ***、**、* 分别表示在 1%、5% 和 10% 的水平上显著。

从回归结果可以看出，二元 Logistic 回归模型对数据拟合较好，量表中 6 个变量对农户道德风险行为有显著影响，除“农户个人特征”及“生产环境特征”没有变量对农户道德风险行为有显著影响外，其余四个特征都有相应变量对农户道德风险行为有显著影响。从表 5-10 中可以看出，各变量的回归系数都为负，但显著性水平及回归系数大小存在差异。

（二）结果分析

在农户家庭特征中，“非农收入占比”变量的回归系数为负，且在 1% 的水平上显著影响农户道德风险行为，说明“非农收入占比”越高的农户，其发生道德风险行为的可能性就越低。其中的原因可能在于，这些农户家庭收入主要来源于非农，农户种植食用农产品的主要目的在于供家人食用，在当前老百姓日益重视身心健康以及食用农产品质量不够安全的背景下，这些农户倾向于少用或不用农药，食用农产品生产过程中农药施用行为更加规范合理。该回归结果与前文预期一致，并验证了前文提出的研究假设。

在农户认知特征中，“食用农产品质量安全关心情况”变量的回归系数为负，且在 1% 的水平上显著影响农户道德风险行为，说明农户对食用农产品质量安全越关心，其道德风险行为发生的可能性越低。这其中的原因可能在于，对食用农产品质量安全关心的农户，知道不规范施用农药对食用农产品质量安全造成的不利影响，比如引起食用农产品农残超标，甚至引发严重食用农产品质量安全

事件，因此，这些农户倾向于合理施用农药。研究结果与前文预期一致，也与周峰（2008）及谭颖（2012）的研究结论相符合，前文提出的研究假设得以验证。“个人声誉或信用看重情况”变量的回归系数为负，且在1%的水平上显著影响农户道德风险行为，说明农户越看重个人声誉或信用，其道德风险行为发生的可能性就越低。这其中的原因可能在于，农户隶属于农村集体组织，声誉差、信用低的农户在参与农村集体活动中，可能受到来自集体或其他农户的排挤，比如村民评议中可能得到较低的票数，或申请政府援助（如低保等）受限，也可能影响到农户向邻居或亲朋借贷等，因而从长远考虑，为更好地与集体成员相处，农户逐渐看重个人声誉或信用，倾向于按照集体组织提倡的行为规范开展农业生产活动，比如在农药施用的过程中，按照生产规范合理施用。该回归结果与前文预期一致，并验证了前文提出的研究假设。

在农产品生产特征中，“‘三品一标’认证取得情况”变量的回归系数为负，且在1%的水平上显著影响农户道德风险行为，说明所种植的食用农产品取得了“三品一标”认证的农户，其道德风险行为发生的可能性越低。这其中的原因可能在于，“三品一标”认证对食用农产品的种植环境、投入品使用、生产规程等都有严格要求，尤其对施用农药有严格规定，比如有机农产品禁止施用任何农药。因而，对于多数农户而言，如果都较好地掌握了“三品一标”食用农产品生产规范，并按照“三品一标”认证的要求开展生产活动，其道德风险发生的可能性就越低。“购销合同签订情况”变量的回归系数为负，且在5%的水平上显著影响农户道德风险行为，说明与农业产业化组织签订了农产品购销合同的农户，其道德风险行为发生的可能性越低。这其中的原因可能在于，产品购销合同是农业产业化组织与食用农产品生产农户之间的一种契约，该契约可以在一定程度上约束农户规范生产行为。一般来说，农户将食用农产品卖给农业产业化组织，可以获得稳定的经济收益，但农业产业化组织（收购方）对食用农产品的质量要求比较高，在食用农产品收获之前，收购方与农户签订购销合同，并将对食用农产品品质的要求写入合同条款，如果食用农产品品质达不到该要求，农户不仅不能按照合同规定出售食用农产品，还可能要赔偿收购方。所以，签订购销合同在一定程度上约束着农户按照收购方的要求生产品质达标的食用农产品，因而农户生产行为更加合理规范，其道德风险行为发生的可能性更低。该回归结果与前文预期一致，也与张利国（2008）的研究结论一致，并验证了前文提出的研究假设。

在政府规制特征中，“投入品控制制度执行情况”变量的回归系数为负，且在1%的水平上显著影响农户道德风险行为，说明认为政府对投入品控制制度执行越严格的农户，其道德风险行为发生的可能性越低。这其中的原因可能在于，政府投入品控制制度执行情况直接影响着农户施用农药的种类、获取途径、购买方式等，同时，也可以间接地看出政府对农药的规制政策，并最终影响到农户农药施用行为，因而认为该制度执行越严格的农户，道德风险发生的可能性越低。该回归结果与前文预期一致，并验证了前文提出的研究假设。

其他13个变量对农户道德风险行为的影响没有达到相应的显著性水平，但必须强调的是，这些变量也可能是影响农户食用农产品道德风险行为的因素。之所以出现这种情况，原因可能是多方面的。由于上述回归结果未包含不显著因素对农户道德风险行为的影响，因而可能降低模型回归结果的准确性，包括影响程度，因此，下文将借助半参数 Logistic 回归模型，把各因素对农户道德风险行为的影响都考虑进去，并得出尽可能准确的回归结果。

二、基于半参数 Logistic 回归模型

（一）模型估计

根据二元 Logistic 模型的回归结果，将影响农户道德风险行为的因素分为两类，即影响显著的因素和影响不显著的因素。其中，将影响显著的因素命名为重要因素（用 A_1，A_2，…，A_5，A_6 表示），而将影响不显著的因素命名为不重要因素（用 Z_1，Z_2，…，Z_{12}，Z_{13}表示）。借助前文构建的半参数 Logistic 回归模型，将上述两类因素分别纳入半参数 Logistic 回归模型的线性部分和非线性部分，以最大限度地利用调研数据所提供的信息，使模型回归的结论更加准确。

为更直观地看出各因素对道德风险行为的影响方向及影响程度，包括影响的边际效应，本部分借助 R 软件，按照 R 软件运行要求及指令，编写 R 程序语言①，模型最终运行结果如表 5 - 11 所示。

① 为直接从 R 软件输出结果中看出半参数 Logistic 回归模型中各自变量变化的边际效应，以更直观地看出自变量变化对农户道德风险行为发生概率的影响程度，本书编写了相对应的 R 语言，具体见附录三。

表 5-11　半参数 Logistic 模型回归结果

	Partial effect	S. E.	t value	Sig.
非农收入占比（A_1）	-0.031	0.016	-2.457	0.014
食用农产品质量关心情况（A_2）	-0.266	0.029	-9.333	0.000
个人声誉或信用看重情况（A_3）	-0.082	0.024	-3.359	0.000
“三品一标”认证取得情况（A_4）	-0.100	0.038	-2.625	0.010
购销合同签订情况（A_5）	-0.035	0.057	-0.611	0.085
投入品控制制度执行情况（A_6）	-0.060	0.027	-2.245	0.025
常数	-0.075	0.016	-4.850	0.000

注：①Residual standard error：0.470。

②F-statistic：23.56。

③Multiple R-squared：0.171。

④Adjusted R-squared：0.164。

（二）结果分析

从 R 软件输出的回归结果看，半参数 Logistic 模型回归结果较好。从表 5-11 可以看出，各重要因素对农户道德风险行为影响的方向与二元 Logistic 回归模型结果一致，只是显著性水平和回归系数存在差异。各重要因素对农户道德风险行为可能的影响原因在前文已逐一分析，本部分不再解释，而是重点分析半参数 Logistic 模型得出的边际效应。从回归结果可以看出，重要因素对农户道德风险行为影响边际效应的绝对值按从大到小排序分别是，“食用农产品质量关心情况”“‘三品一标’认证取得情况”“个人声誉或信用看重情况”“投入品控制制度执行情况”“购销合同签订情况”“非农收入占比”，其中，变量“食用农产品质量关心情况”及“个人声誉或信用看重情况”是约束农户行为的自律因素，而变量“‘三品一标’认证取得情况”“投入品控制制度执行情况”“购销合同签订情况”是约束农户行为的他律因素。

回归结果说明，在约束农户行为的自律和他律因素中，都包含对农户道德风险行为有显著影响的因素。其中，农户对食用农产品质量关心情况是最重要的影响因素，属于农户自律的范畴，这也意味着引导农户规范生产，关键在于提高农户的质量安全认知水平，增强农户的自律意识，引导农户自觉规范生产。之所以农户自律是影响道德风险行为发生的重要因素，其可能的原因在于农户是否规范施用农药，主要取决于农户自身对食用农产品质量安全的认知，而外部因素的引导是外因，需要通过内因才能起作用。

从表5－10和表5－11中还可以看出，半参数Logistic回归模型的结果与二元Logistic回归模型的结果基本一致。但也存在显著不同之处，一是参数系数不同，二是各变量标准误显著降低，说明样本对总体代表性增强，用样本统计量推断总体的可靠性提升。出现这种情况的主要原因在于，半参数Logistic回归模型加入了对非线性部分的分析，模型中所有影响因素都已考虑，这就将影响更加细化，且得出的模型更加有效。此外，从半参数Logistic回归模型结果中各变量的回归系数（也即边际效应）可以直观地看出各变量对农户道德风险行为影响的程度，这也为政策建议的提出提供了更加科学的参考依据。

第六节　研究结论

结合调研数据及实证分析结果，本部分得出以下研究结论。

第一，调研区域农户道德风险行为发生情况比较严重。根据本书对道德风险行为的界定，通过对调研数据进行整理分析发现，当前调研区域农户道德风险行为发生的情况比较严重，发生比高达48.4%。

第二，自律因素是影响农户道德风险行为的最重要因素。借助传统二元Logistic回归模型和半参数Logistic回归模型，得出的研究结果表明，在可能对农户道德风险行为产生影响的19个变量中，有6个变量对农户道德风险行为有负向显著影响，分别是“食用农产品质量关心情况”“‘三品一标’认证取得情况”“个人声誉或信用看重情况”“投入品控制制度执行情况”“购销合同签订情况”“非农收入占比”。从R软件输出的结果看，上述显著影响因素对农户道德风险行为发生的边际效应存在差异，通过比较可以发现，“食用农产品质量关心情况”变量的边际效应最大，且负向影响农户道德风险行为的发生，说明农户对食用农产品质量越关心，其道德风险行为发生的可能性越低，而“食用农产品质量关心情况”变量属于约束农户行为的自律因素，说明农户自律更有利于规范农户生产行为，降低农户道德风险行为发生的可能性。相比而言，在他律因素中，以

“投入品控制制度执行情况”为代表的政府规章制度对农户道德风险行为发生的约束力较弱。

第三，半参数 Logistic 回归模型优于传统二元 Logistic 回归模型。通过比较两类模型的回归结果可以发现，半参数 Logistic 回归模型中变量的标准误显著降低，说明半参数 Logistic 回归模型拟合调研数据的能力更强，样本对总体代表性增强，用样本统计量推断总体的可靠性提升，使模型回归结果更准确。

本章小结

本章基于委托—代理理论，建立了农户道德风险行为发生的理论模型，即食用农产品生产农户与消费者之间存在一种委托—代理关系，消费者是委托人，农户是代理人，消费者委托农户生产安全的食用农产品，以满足其日常需求，农户在生产食用农产品的过程中，受到诸多因素的约束，而这些约束因素对农户生产行为的约束力因人、因地而异，通常表现为两种情况，即有约束力和无约束力，当约束因素对农户生产行为有约束力时，则农户会规范生产，最终生产出安全的食用农产品，当约束因素对农户生产行为无约束力时，则农户不规范生产，发生道德风险行为，导致最终生产出来的却是问题食用农产品。根据该理论模型可知，约束农户行为的众多因素无约束力是农户道德风险行为发生的主要原因。基于此，本书进一步构建了农户行为约束理论模型，本书认为，农户在开展农业生产活动过程中，面临的约束因素主要有两大类，即外在约束因素和内在约束因素，其中，外在约束因素包括农户家庭特征、农产品生产特征、生产环境特征、政府规制特征以及非正式制度特征五大类，而内在约束因素则包括农户个人特征及农户认知特征。接着，本书基于研究的需要，选择了两类实证分析模型，即普通二元 Logistic 回归模型和半参数 Logistic 回归模型。然后提出了本部分的 6 个研究假说，并对各变量进行定义。接着说明了问卷设计与数据收集的方法，并对调研数据进行了描述性统计分析，最后根据实证分析模型和调研数据得出实证分析结果。实证分析结果表明，自律因素是影响农户道德风险行为的最重要因素。

第六章　非正式制度对食用农产品生产农户道德风险行为发生影响因素的实证分析

第一节　非正式制度概述

一、非正式制度研究的必要性

我国是人口大国，如何解决13亿多人的吃饭问题，始终是党和国家在经济建设中要解决的头等大事。为保证农作物产量，化肥、农药等物资被广泛应用于农业生产，不仅促进了现代农业的快速发展，也保证了我国农作物产量，确保了国家粮食安全。但是，由于农业生产长期严重依赖于化肥、农药等化学品的大量投入，这种粗放的农业生产方式也带来一系列的负面效应，如食用农产品品质下降、农业面源污染严峻、土壤质量严重退化等，不仅威胁着老百姓的身心健康，更直接影响到我国农业的可持续发展能力。为解决上述问题，我国提出推进农业供给侧结构性改革的政策，通过制定法律法规、强化监督管理、完善激励政策、修复生态环境、推行绿色生产方式等途径，切实转变农业发展方式，鼓励农户发展绿色生态农业，规范农业生产行为，不断提高安全食用农产品供给质量和效率，切实改善农业生态环境，促进农业可持续发展。但从全国的实际情况来看，虽然广大农户知道不规范（过量）施用化肥、农药可能带来的危害，但是农户为图省事或为获取更多的经济利益，在食用农产品（包括安全食用农产品）生产过程中，诸如人为提高农药配比浓度、在农作物收获安全间隔期内施用农药甚至施用禁用农药等情况仍然经常发生，农业生产过程中道德风险行为发生的情况依然比较严重，直接影响着我国食用农产品质量安全水平。为此，农户道德风险问题成为政府及学界关注的热点。针对农户道德风险行为发生的影响因素，国内外开展了大量研究，梳理现有研究成果可以发现，影响农户道德风险行为发生的因素归纳起来包括农户个人特征、农户家庭特征、农户认知水平、生产环境特征、政府规制特征等（周峰、徐翔，2007；张利国，2008；方秋平，2010；谭颖，2012）。为防范道德风险行为，引导农户规范生产，政府一方面营造良好的外部生产环境，如举办质量安全培训、提供技术指导、发展农业合作组织等；另一方面制定一系列严格的政府规制措施，如制定《农产品质量安全法》、开展"三品一标"认证、实施食用农产品质量安全抽查制度、建立食用农产品质量安全溯源体系等。通过加强立法、严格执法、提高市场准入门槛、加大随机抽查力度、提高惩罚标准等，切实保障食用农产品质量安全。从制度的角度讲，上述政府规制措施属于正式制度的范畴，这些正式制度约束着广大农户按照标准或合约规范生产，在一定程度上保障了食用农产品质量安全。但是，现实中食用农产品质量安全问题屡屡曝出，违规生产的现象屡禁不止，政府规制措施并没有完全消除农户道德风险行为，说明仅仅靠政府规制难以保障食用农产品质量安全。

食用农产品生产是一个复杂的过程，农户道德风险行为除了受到正式制度、农户禀赋等因素影响外，是否还受到其他因素的影响？通过对全国多地农村的调研，以及结合与农户的访谈，笔者发现，长期存在于广大农村、自发形成的、被人们无意识接受的社会习俗、道德观念及村规民约等非正式制度，也可能影响着农户道德风险行为的发生。它们在特定的乡村历史文化背景下产生，对正式制度起着扩展、细化和限制作用，并与国家正式法律法规（正式制度）等一起约束着农户行为，对广大农户的意识形态和日常生产生活实践起到重要的影响作用（朱晓敏，2006；王冬梅等，2010）①。为此，非正式制度是否真正会影响农户道德风险行为？怎么影响？影响程度如何？为什么会产生影响？这些问题都是值得深入研究的。因此，为进一步探究农户道德风险行为影响因素，准确把握农户道德风险行为发生规律，本章结合实地调研数据，以非正式制度对农户道德风险行

① 朱晓敏．非正式制度对农民经济行为的影响分析［J］．农村·农业·农民，2006（6）：16；王冬梅．村落文化视野中"女村官"执政的反思——以河北H村为例［J］．妇女研究论丛，2010（4）：52－57.

为发生的影响为研究主题，试图探究非正式制度对农户道德风险行为发生的影响。本章将在上一章研究的基础上，重点探讨非正式制度对农户道德风险行为可能产生的因素。

二、非正式制度的内涵及特征

（一）非正式制度的内涵

非正式制度是一个多学科概念，在经济学及社会学领域有较多相关研究，关于非正式制度的概念，学术界目前没有达成统一的共识。诺斯（1994）认为，非正式制度是与正式制度相对应的、对人们的行为同样起到约束作用的一系列规则，它们并非经过有意识的设计，而是人们在长期的共同生活或社会交往中自发形成、并被人们无意识接受的行为规范，主要包括意识形态、价值观念、道德观念及风俗习惯等[①]。罗能生（2002）认为，非正式制度是社会共同认可的、不成文的行为规范，包括文化传统、伦理道德、习惯习俗和意识形态等无形的约束规则，这些规范或规则是人们在长期交往中无意识形成的，具有持久的生命力，并构成代代相传文化的一部分[②]。高君（2016）认为，非正式制度主要是没有依靠国家政权体系所建立的约定俗成，是指人们在历史的长河中通过共同生活与社会交往而全部达成共识与遵守的所有行为准则的总称，主要包括价值信念、风俗习惯、文化传统、伦理道德、意识形态等[③]。

综合前人对非正式制度概念的阐述，本书认为，非正式制度是指人们在生产生活实践中自发形成的、对人们行为有一定约束力的成文及非成文规范集合，是基层自治的法宝。根据上述定义，结合我国农村发展的实际情况，可以发现，在我国广大农村，受历史和宗族因素影响，存在着大量的非正式制度，包括各种风俗习惯、民间信仰、道德观念、村规民约、宗族宗教和人伦礼法等。

（二）非正式制度的特征

梳理我国社会发展史可以发现，在国家制定的各类正式制度产生之前，主要依靠非正式制度来维持人与人之间的关系，即便是到了现代，在社会的整个制度

---

① 诺斯．制度、制度变迁与经济绩效［M］．上海：上海三联书店，1994.

② 罗能生．中国传统德治思想及其现代启示［J］．郴州师范高等专科学校学报，2002（6）：1－5.

③ 高君．农村社会治理中正式制度与非正式制度的功能及关系研究［J］．法制博览，2016（28）：48－49.

体系中，正式制度和非正式制度是共存的，甚至在广大农村，人们的生产生活更多的是由非正式制度来规范与约束。这与非正式制度的特征密切相关，因为非正式制度是对正式制度的补充，并具有自发性、非强制性、广泛性和持续性的特点。

自发性是指非正式制度并非由人们理性设计出来的，而是由文化遗传和生活习惯累积而成的，人们遵循某种非正式制度往往是出于习惯或自觉。

非强制性是指人们遵守某项制度主要依靠的是主体内在的自觉或良心，而不必像正式制度那样依靠强制性的实施机制约束着人们必须遵守。

广泛性是指非正式制度渗透到社会生活的各个领域，调节人们行为的大部分空间，其作用范围远远超过正式制度。

持续性是指一种非正式制度一旦形成就将长期延续下去，其变迁是渐进缓慢的，在变迁中先前非正式制度的许多因素也将在新规则中“遗传”下来①。

三、我国农村非正式制度的发展

非正式制度并不仅仅存在于农村社会，城市也包含非正式制度，由于本书重点探讨非正式制度对农户食用农产品生产过程中道德风险行为的影响，所以下文仅介绍存在于广大农村的非正式制度。此外，受知识的限制，农民遵守正式制度的意识不强，导致正式制度在农村的执行效果普遍不够理想。相反，农民普遍接受的非正式制度却取得比较理想的效果，这其中的原因值得深究。

农村非正式制度产生于农户间平时的生产生活实践，是被广大农户内化于心的行为规范，农户一旦逾越这些行为规范，将会受到本村集体的“惩罚”，该“惩罚”更多地倾向于精神上的惩罚，比如被其他农户蔑视、谴责和惩戒，导致农户在农村这个“熟人社会”里承受巨大的精神压力。

纵观我国非正式制度的发展历史，可以发现，从漫长的封建社会一直到民国期间，由于农村基层治理人力投入的不足，导致政权力量难以向乡村社会延伸，因而很长一段时间都是沿用“皇权不下县，县下皆宗族，宗族皆自治”的治理模式。在这个过程中，农村非正式制度（比如宗教制度、礼法制度等）得到了

---

①　马智胜，马勇．试论正式制度和非正式制度的关系［J］．江西社会科学，2004（7）：121－124.

快速发展，并逐渐成为农村基层自治的重要规则体系①。“礼治”是当时农村基层治理重要的手段，而且只有当出现“礼治”难以解决的问题时，国家正式制度才会派上用场。因此，在那个时期，我国农村基层治理中，正式制度是对非正式制度的一种补充。

自改革开放以来，国家开始实行权力上收，国家政权只到乡镇一级，乡镇以下则实行村民自治。国家治理模式的改变使得农村社会里的非正式制度迎来了新的发展春天，经过几十年的发展，很快又重新登上了农村社会的历史舞台，对于农村社会基层治理发挥着重要作用。目前，在我国广大农村社会里，既存在着大量非正式制度，也存在着一些正式制度②。

四、非正式制度对农户生产行为影响的机理

受历史、文化、宗教等的影响，非正式制度对农户行为具有根深蒂固的影响，对农村社会发展起着重要作用。根据农村实地调研，结合当前我国农村生活以及农业生产的实际，可以发现，非正式制度对农户生产行为的影响可能体现在以下几方面：

第一，农户集体观念的强弱影响着农户生产行为。当前，我国实行的是家庭联产承包责任制，农户有独立的生产经营权，因而其生产经营决策完全由自己确定。但是，为加强农村基层管理，农户仍然隶属于某个农村基层组织，如村民小组，而这种划分更多是依据农户田块的位置，田块在同一片区的农户被划分到同一小组。因此，农户开展农业生产活动，既可以“搭便车”，也可能成为“牺牲者”，这其中的原因在于农户行为会产生外部性，对其他农户、整个集体会造成不同的影响。比如，因某些农户种植的安全食用农产品在市场上获得较好的声誉或口碑，其他农户种植的常规食用农产品也能因此受益，进而卖出高价格。比如，某村所种植的水果品质好，卖出的价格也高，邻村的同种水果也能因此而受益。但是，因某农户违规施用农药而引发的食用农产品质量安全问题，不仅农户个人利益受损，这一问题将影响着整个村集体食用农产品的声誉（品牌），并可能导致食用农产品的出售或收购价格下降，进而可能影响到全村农户或合作社的收益，而且这种影响甚至会持续多年。此外，作为农村集体中的一员，因违规施

①② 章荣君．乡村治理中正式制度与非正式制度的关系解析［J］．行政论坛，2015（3）：21－24.

用农药而给村集体造成损失的农户，会受到村集体其他农户的蔑视、谴责和排挤，农户将可能长期生存于孤立无助的环境下，需要承担巨大的心理压力。这些对于具有较强集体观念的农户而言，深知其违规生产行为会严重损害集体利益，因而在开展农业生产活动时，会考虑其行为对集体产生的影响，并最终选择规范合理的生产行为。因此，集体观念强的农户更加倾向于规范生产。

第二，道德观念约束力的强弱影响着农户生产行为。道德观念是人们对自身、他人、世界所处关系的系统认识和看法，如人们对善与恶、荣与辱、正义与非正义的认识，属于社会伦理的范畴。道德观念通过确立一定的善恶标准和行为准则来约束人们的行为。一个具有正确道德观念的人能在复杂多变的、道德冲突的情境中运用它去辨明是非善恶，克服内心矛盾，按照道德常规行事，做出合理的抉择并加以执行①。道德观念就像一条存在于农户内心的无形枷锁，约束着农户按照其认为正确的、道德的规则开展农业生产活动。从农户的道德观念可以看出农户的社会公德心及职业道德。因此，认为道德观念约束力越强的农户，在开展农业生产活动的过程中，越会从道德、良知、善恶的角度去评判行为可能产生的后果。同时，农户也清楚长期与其所处的其他农户对善恶、荣辱及正义与否的判定，在乎其他农户对自身的评价。此外，农户长期处于同一个生存环境（大集体），与其他农户一起劳作、生活，农户茶余饭后喜欢议论本村组或外村组日常发生的事情。假如某农户因施用禁用农药（也即发生了有悖道德良心的事情）而给集体造成损失的话，这种事情很快便会传开，并成为农户间议论的焦点，一方面当事人要承担巨大的心理压力，另一方面其他农户也会根据自身对道德观念的认知，对这一行为进行评判，并最终影响到自己的生产行为。通过不断的“干中学”，农户的道德观念逐步增强，道德观念对农户生产行为的约束力也在实践中得到逐渐增强，最终引导着广大农户规范生产。因此，认为道德观念约束力强的农户，更加倾向于规范生产。

第三，村规民约的制定约束着农户生产行为。村规民约是广大农户共同参与制定的具有一定影响力的行为规范约定，在宣传国家政策方针、推进农村法治建设、加强农民教育、建设美丽中国、规范农户生产行为等方面发挥重要作用。村

① 吴勇．生产负外部性道德约束的特性与功能［J］．重庆科技学院学报（社会科学版），2015（8）：14－16，26.

规民约制定的目的是为了推进民主法治建设、维护社会稳定、树立良好村风民风、创造安居乐业社会环境、促进农村经济社会发展。村规民约（见附录二）一般包括社会治安、村风民俗、邻里关系、婚姻家庭、环境卫生、农业生产、违规处理等内容，不仅有农户行为规范（包括农业生产行为规范），还制定了奖惩措施，能引导农户积极参与农村建设，约束农户不规范生产生活行为，并最终引导农户行为由被动转化为自觉，极大地提高了农村日常管理效率，提升了农村社会文明水平。村规民约作为介于法律与道德之间“准法”的自治规范，是村民共同意志的载体，也是村民自治的表现，更是村民自我管理、自我教育、自我服务、自我约束的行为准则，具有教育、引导、约束和惩戒作用，对于促进村民自治具有特殊作用①。村规民约的制定，将村民认可的行为规范写入村规民约，可以引导农户按照村规民约的行为规范开展生产活动。以附录二中引用的“浙江省湖州市长兴县煤山镇新川村村规民约”为例，该村规民约第四章（美丽家园）中第十六条规定，农户应“增强生态环保意识，不得使用明令禁止的农药，降低农药、化肥施用强度，推广生物防治技术，推广施用有机化肥、缓释肥；禁止焚烧农作物秸秆”，说明建设美丽家园是广大农户的共同愿望，为实现这一目标，农户应规范农业生产行为，不施用禁用农药，减少化肥、农药的施用强度，同时采取一些环境友好的农业生产方式。此外，该村规民约第七章（奖惩措施）还规定，“凡违反本村规民约的，经村两委联席会议商议后，由村民委员会对行为人酌情做出批评教育、公示通报、责成赔礼道歉、写出悔改书、恢复原状或赔偿损失、视情况给予经济处罚、取消享受村里本年福利待遇等相应处理决定”。通过将农户行为与奖惩挂钩，可以约束农户行为，引导农户生产行为逐步规范化。因此，村规民约的制定有利于引导农户自觉规范生产行为。

第四，社会风气的好坏影响着农户生产行为。社会风气是农户生产与生活所处的社会环境，某一地区的社会风气可以看出村民的精神面貌及其对社会规则的认可、遵守程度。社会风气在社会生活的方方面面都有表现，并在人们的言论以及生产活动中渗透着，对人们的心理、情感、思想以及行为发挥着潜移默化的作

① 楚向红．村民自治制度下对村规民约问题的再认识［J］．中外企业家，2014（7）：240－244，250.

用①。好的社会风气将引导农户遵纪守法、勤俭节约、勤劳朴实，而不良的社会风气将使农户道德败坏、诚信缺失、偷盗泛滥、赌博成风，不利于农村社会稳定及农业生产。好的社会风气的形成是一个漫长的过程，而不良的社会风气则容易快速传播。究其原因，一方面是受自身能力及知识的限制，农户倾向于行为趋同，即模仿其他农户行为，以避免社会排斥威胁，模仿跟风等现象很普遍；另一方面农户内心向往自由，既不愿意遵守规则也不愿意受到约束。因此，社会风气较差的村庄，如果有个别农户带头违规生产（即发生道德风险行为），其他农户也会模仿或效仿，那么这种违规生产行为很快就会蔓延，加剧违规生产行为的发生。相反，如果社会风气好的村庄，农户不敢轻易带头破坏当地好的社会风气，而是竭尽全力维持这种好的社会风气，因而约束着自己的行为，最终做到规范生产。因此，社会风气好的村庄，其农户倾向于采取更加规范的生产行为。

第五，道德修养水平高低影响着农户生产行为。农户在开展农业生产活动过程中，不仅要支付购买农业生产资料的成本，还需要承担因生产行为不规范引发的心理成本。例如，农户在生产安全食用农产品过程中，发生道德风险行为，不仅要冒政府惩罚、民众谴责甚至名誉扫地的风险，还将受到良心谴责，除可能需要支付罚金外，还需要承担心理成本，但这种心理成本因人而异，道德修养在这里对心理成本的高低起决定作用。农户道德修养水平高低也可以用农户毕生积累道德修养资本来表示，道德修养水平高的农户，其道德修养资本也高。一般而言，拥有道德修养资本越多的农户，道德风险行为需承担的心理成本越高；反之，拥有道德修养资本越少的农户，道德风险行为的心理成本越低②。农户在决定是否发生道德风险行为时，会权衡道德风险行为带来的收益以及可能支付的罚金及心理成本。因而，面对相同的收益，道德修养水平高的农户可能认为得不偿失而放弃道德风险行为，道德修养水平低的农户可能觉得有利可图而发生道德风险行为的情况。所以，农户道德修养水平的高低影响着其发生道德风险行为所需承受心理成本的高低，并最终影响农户生产行为。因此，道德修养水平高的农户更加倾向于规范生产。

---

① 刘孝生．高职高专思想政治理论课与中学思想政治课衔接对策［J］．科教文汇（中旬刊），2013（6）：134－135.

② 贺卫，王浣尘．从经济人到效用人——经济学中人性假设的飞跃［J］．山西财经大学学报，2000（3）：1－6.

第六，意识形态的选择影响农户生产行为。按照诺斯的观点，意识形态是决定个人观念转化为行为的道德和伦理的信仰体系，它对人的行为具有强有力的约束，它通过提供给人们一种世界观而使行为决策更为经济①。在我国，农户绝大多数选择的是以儒家思想为代表的意识形态。而儒家思想的典型特征是中庸、保守、仁爱，这些特征直接影响到农户的风险偏好。因而，接受儒家思想意识形态的农户，其生产行为趋向于风险中性，不敢冒险。比如，对农药危害有一定认知的农户，都清楚其行为可能带来的严重后果，一是对自身健康的危害，二是对食用农产品质量安全的不利影响，三是对生态环境的破坏，因而会自觉约束生产行为。此外，农户违规的生产行为也将可能影响到农户声誉（信用），进而影响农户的融资能力，因而，风险中性或风险厌恶型农户将选择规范施用农药。因此，农户选择的意识形态影响着农户的风险偏好，而农户的风险偏好又影响着农户的生产行为。

第二节 理论模型构建

本书主要探讨生产环节食用农产品生产农户道德风险问题。如图 6－1 所示，生产环节发生的农户道德风险行为最终影响到食用农产品质量安全水平。哪些因素影响着食用农产品生产农户道德风险行为的发生？围绕这一问题，国内外展开了大量研究，取得了许多很有价值的研究成果，前文文献综述部分已对其进行梳理。在诸多农户道德风险行为的影响因素中，大多数显著影响因素已在上一章得到验证（或被其他学者验证），因此，本部分基于上文确定的研究主题，通过建立理论模型，重点探讨非正式制度对农户道德风险行为的影响，包括影响方向、影响程度及影响机理等。在实证分析时，将可能对农户道德风险行为有影响的因素尽量考虑全面，然后共同纳入实证分析模型，并得出回归结果。

① 贺卫，王浣尘．从经济人到效用人——经济学中人性假设的飞跃［J］．山西财经大学学报，2000（3）：1－6.

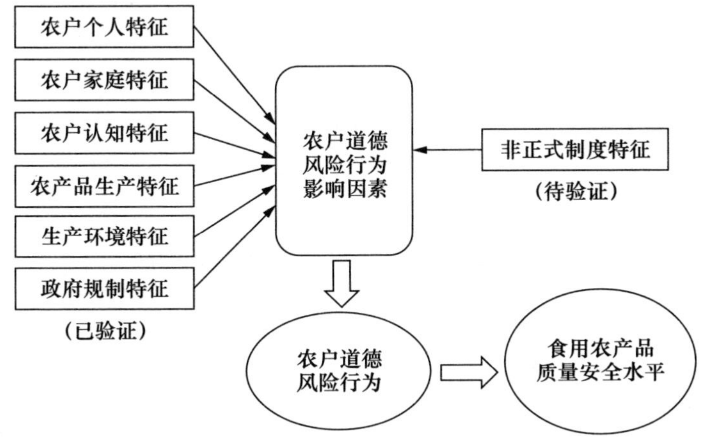

图6-1　理论模型框架

第三节　研究假说与变量定义

一、研究假说

为验证在农村自发形成的非正式制度对食用农产品生产农户道德风险行为可能产生的影响，本部分在第五章内容的基础上，根据数据资料的可获得性，提出以下研究假说：

H7：农户集体观念对农户道德风险行为有显著影响，假设集体观念越强的农户，越不容易发生道德风险行为；

H8：道德观念约束力对农户道德风险行为有显著影响，假设认为道德观念约束力越强的农户，越不容易发生道德风险行为；

H9：农户所在村庄社会风气对农户道德风险行为有显著影响，假设认为所在村庄社会风气越好的农户，越不容易发生道德风险行为；

H10：农户所在村庄村规民约制定情况对农户道德风险行为有显著影响，假设所在村庄制定了村规民约的农户，越不容易发生道德风险行为。

二、变量定义

参照相关研究文献，结合我国农村非正式制度的实际，选取四个变量测度非正式制度特征，各变量名称、定义及对因变量的预期作用方向如表6－1所示。

表6－1　变量名称、定义及预期作用方向

变量名称	变量定义	预期作用方向
农户道德风险行为（y）	0＝未发生，1＝发生了	——
变量 x_1 ~ x_{19} 与第五章表5－1一致，此处略		
非正式制度特征		
农户集体观念（x_{20}）	1＝不强，2＝比较强，3＝非常强	——
道德观念约束力（x_{21}）	1＝没有约束力，2＝比较强，3＝非常强	——
村庄社会风气（x_{22}）	1＝不好，2＝比较好，3＝非常好	——
村规民约制定情况（x_{23}）	0＝没有制定，1＝制定了	——

第四节　描述性统计分析

农户生长在特定的农村社会环境中，其生产生活行为受到这些特定社会环境的影响，这些特定的环境包括在农村长期自发形成的非正式制度，比如农村的传统文化、道德观念、村规民约、宗教信仰等。本部分用四个变量测度农村的非正式制度，包括农户集体观念的强弱、道德观念约束力的大小、所在村庄社会风气的好坏以及成文村规民约的制定情况等。

从调研的情况看，在924份有效样本中，认为自己集体观念不强的农户有169人，占18.3%；认为比较强的有514人，占55.6%；认为非常强的有241人，占26.1%。从调研数据可以看出，当前我国广大农村，农户的集体观念普遍较强。这其中的原因可能在于，家庭联产承包责任制实施以来，很多地方仍然难以改变贫穷落后的面貌，然而，在当前国家强农、惠农政策的支持下，农村的发展机会增多，农户逐渐意识到抱团发展的重要性，很多地方尝到了抱团发展的甜头，因此，农户明白只有团结起来，并通过发展集体经济，才能取得更好的发展。在这个过程中，广大农户的集体观念逐渐增强，愿意捍卫集体的利益。当然，这也有利于农村基层组织加强对农村的基层治理，有利于引导和规范农户行为，有利于强农惠农政策的推广与实施，更有利于农村集体经济的发展。

从农户对道德观念约束力的认知来看，在924份有效样本中，认为道德观念没有约束力的有181人，占19.6%；认为约束力比较强的有598人，占64.7%；认为约束力非常强的有145人，占15.7%。调研数据说明多数农户认为道德观念约束力比较强或者非常强。这其中的原因可能在于，农户道德观念可以看出农户对善与恶、荣与辱、正义与非正义的认识，并最终约束农户的生产行为。一个认为道德观念有约束力的农户，在与其他农户相处以及开展农业生产活动的过程中，会按照道德观念的标准来约束自身行为。调研数据间接地说明在我国广大农村可以通过强化农户的道德教育，用道德的力量来影响农户生产行为。

表6－2 农户对非正式制度的认知情况

一级指标	二级指标	选项	人数	所占百分比（%）	累计百分比（%）
非正式制度	集体观念	不强	169	18.3	18.3
		比较强	514	55.6	73.9
		非常强	241	26.1	100.0
	道德观念约束力	没有约束力	181	19.6	19.6
		比较强	598	64.7	84.3
		非常强	145	15.7	100.0
	村庄社会风气	不好	200	21.6	21.6
		比较好	603	65.3	86.9
		非常好	121	13.1	100.0
	村规民约制定情况	没有制定	436	47.2	47.2
		制定了	488	52.8	100.0

在924份有效样本中，认为所在村庄社会风气不好的农户有200人，占21.6%；认为比较好的有603人，占65.3%；认为非常好的有121人，占13.1%。从调研数据可以看出，当前我国农村的社会风气总体较好。这其中的原因可能在于，社会风气是社会上或某个群体内，在一定时期和一定范围内竞相仿

效和传播流行的观念、爱好、习惯、传统和行为。良好的社会风气对于振奋民族精神、培养积极乐观、勤劳朴实、道德高尚的当代农户以及促进社会和谐安定具有重要意义。当前，我国注重加强农村基层文明建设，良好的村风民情得以大力弘扬，多数农村社会风气得到显著改善。但也不排除某些农村，因经济发展落后，农户缺乏收入来源而出现的“游手好闲”“偷鸡摸狗”等不良行为的发生，严重扰乱农村的社会风气。

村规民约是适应村民自治要求，由同一村的村民在生产、生活中，根据习俗和共同约定形成的自我约束的一种规范，是村民共同利益的集中体现，同时也是村民之间的契约。当前，我国广大农村正积极制定符合村庄实际情况的成文村规民约，以发挥其在加强农村基层自治中的作用。从实际调研数据看，在924份有效样本中，所在村庄没有制定成文村规民约的有436人，占47.2%，制定了成文村规民约的有488人，占52.8%。

第五节　实证分析与结果

一、基于二元Logistic回归模型

（一）模型估计

本部分将所有可能对农户道德风险行为产生影响的变量纳入实证分析模型，模型估计采用最大似然法，借助SPSS 20.0软件，选择向后Wald逐步回归法，对数据进行二元Logistic回归分析，最终结果如表6-3所示。

表6-3　二元Logistic模型回归结果

	B	S. E.	Wald	df.	Sig.	exp（B）
家庭人口数量（x_5）	-0.139	0.068	4.198	1	0.040	0.870
非农收入占比（x_7）	-0.225	0.063	12.740	1	0.000	0.799
食用农产品质量关心情况（x_8）	-1.332	0.140	91.099	1	0.000	0.264
个人声誉或信用看重情况（x_{10}）	-0.357	0.119	8.938	1	0.003	0.700

续表

	B	S. E.	Wald	df.	Sig.	exp（B）
“三品一标”认证取得情况（x_{11}）	-0.512	0.176	8.463	1	0.004	0.599
投入品控制制度执行情况（x_{19}）	-0.341	0.117	8.482	1	0.04	0.711
道德观念约束力（x_{21}）	-0.222	0.116	3.651	1	0.056	0.801
村规民约制定情况（x_{23}）	-0.892	0.155	33.006	1	0.000	0.410
常量	6.318	0.606	108.657	1	0.000	554.621

注：①模型的卡方值为258.262，自由度为8，显著性水平为0.000；

②模型的 -2 log Likelihood 为932.928；

③模型的 Cox & Snell R Square 为0.313，Nagelkerke R Square 为0.418；

④模型 Hosmer 和 Lemeshow 检验的卡方值为5.290，显著性水平为0.726 >0.05，说明模型较好拟合数据。

从回归结果可以看出，二元 Logistic 回归模型对数据拟合较好，量表中8个变量对农户道德风险行为有显著影响。通过与上一章二元 Logistic 模型回归结果进行比较可以发现，将非正式制度特征对农户道德风险行为的影响考虑进去之后，模型拟合度进一步提高，其中模型的“-2 log Likelihood”由1069.287下降到932.928，“Cox & Snell R Square”由0.204增加到0.313，“Nagelkerke R Square”由0.272增加到0.418，说明模型拟合数据的能力显著增强。此外，模型 Hosmer 和 Lemeshow 检验的卡方值为5.290，显著性水平为0.726 >0.05，同样说明模型较好地拟合了数据。回归结果说明非正式制度特征也是影响农户道德风险行为发生的重要因素。

（二）结果分析

从表6-3可以看出，非正式制度特征以外的变量中，“家庭人口数量”变量的回归系数为负，且在5%的水平上显著影响农户道德风险行为，说明在开展食用农产品生产过程中，家庭人口数量越多的农户，其道德风险行为发生的可能性越低，验证了前文提出的假设。而“购销合同签订情况”变量对农户道德风险行为的影响不显著，其他变量的回归结果与第五章一致。非正式制度特征变量中，“道德观念约束力”变量的回归系数为负，且在10%的水平上显著影响农户道德风险行为，说明在开展食用农产品生产过程中，认为道德观念约束力越强的农户，道德风险行为发生的可能性越低。“村规民约制定情况”变量的回归系数为负，且在1%的水平上显著影响农户道德风险行为，说明所在村庄制定了村规民约的农户，其道德风险行为发生的可能性越低。模型回归结果验证了前文提出的假设 H8 和 H10，而其他假设未得到验证，但并不能说明其他两个因素对农户道德风险行为发生没有影响，只是在本书中未达到设定的显著性水平，在某些条件发生变化的情况下，这两个因素可能也是影响农户道德风险行为发生的重要因素。

二、基于半参数 Logistic 回归模型

（一）模型估计

二元 Logistic 回归模型的回归结果将影响农户道德风险行为的因素分为两类，影响显著的和影响不显著的，本书将影响显著的因素命名为重要因素（用 A_1，A_2，…，A_7，A_8 表示），而将影响不显著的因素命名为不重要因素（用 Z_1，Z_2，…，Z_{14}，Z_{15}表示），并分别将其纳入半参数 Logistic 回归模型的线性部分和非线性部分，运用半参数回归模型进行分析，这样可以最大限度地利用已知数据，降低误差，提高拟合优度，使实证分析的结论更加准确。

根据前文构建的半参数 Logistic 回归模型进行回归分析，得出模型线性部分的表达式，可以直观看出对农户道德风险行为有显著影响的因素及其影响方向和影响程度。而干扰项及不能解释因变量的部分都已放入非参数部分，无须考虑。根据 R 软件输出结果，模型最终回归结果如表 6 -4 所示。

表 6 -4 半参数 Logistic 模型回归结果

	Partial effect	S. E.	t value	Sig.
家庭人口数量（A_1）	-0.027	0.014	-1.971	0.049
非农收入占比（A_2）	-0.040	0.014	-2.942	0.004
食用农产品质量关心情况（A_3）	-0.246	0.026	-9.364	0.000
个人声誉或信用看重情况（A_4）	-0.080	0.023	-3.550	0.000
“三品一标”认证取得情况（A_5）	-0.147	0.042	-3.474	0.000
投入品控制制度执行情况（A_6）	-0.076	0.023	-3.313	0.000
道德观念约束力（A_7）	-0.072	0.025	-2.859	0.004

续表

	Partial effect	S. E.	t value	Sig.
村规民约制度情况（A_8）	-0. 199	0. 031	-6. 392	0. 000
常数	-0. 073	0. 015	-5. 014	0. 000

注：①Residual standard error：0. 440。

②F - statistic：28. 93。

③Multiple R - squared：0. 241。

④Adjusted R - squared：0. 232。

（二）结果分析

从 R 软件输出的回归结果看，半参数 Logistic 回归模型的回归结果较好，模型中加入非正式制度特征因素后，各项检验指标都优于未加入时的情况。从表 6 -4 可以看出，除第五章实证分析得出的显著影响因素外，“道德观念约束力”及“村规民约制定情况”变量同样显著，其中，“道德观念约束力”变量的回归系数为负，且在 1% 的水平上显著影响农户道德风险行为，“村规民约制定情况”变量的回归系数为负，且在 1% 的水平上显著影响农户道德风险行为，进一步验证这两个变量也是影响农户道德风险行为的重要因素。从回归结果还可以看出，加入这两个重要因素后，各重要因素对农户道德风险行为影响的边际效应发生了变化，通过比较可以发现，“村规民约制定情况”变量对农户道德风险行为发生影响的边际效应在上述重要变量中排名第二，仅次于“食用农产品质量关心情况”变量，说明在我国广大农村，自发形成的成文的村规民约的确有利于规范农户生产行为，引导农户合理生产。

从回归结果可以看出，重要因素对农户道德风险行为影响的边际效应绝对值按从大到小的排序分别是：“食用农产品质量关心情况”“村规民约制定情况”“‘三品一标’认证取得情况”“个人声誉或信用看重情况”“投入品控制制度执行情况”“道德观念约束力”“非农收入占比”“家庭人口”。在这些重要因素中，“食用农产品质量关心情况”及“个人声誉或信用看重情况”是约束农户行为的自律（内在）因素，“‘三品一标’认证取得情况”及“投入品控制制度执行情况”是约束农户行为的他律（外在）因素，而“村规民约制定情况”及“道德观念约束力”介于二者之间，既有自律成分，也有他律成分，表面看起来二者属于他律成分，是外在强加给农户的一种规范或观念，需要农村集体组织（甚至不存在的神灵）监督并约束农户行为，其实二者对农户生产行为产生影响更离不开农户的自律，如果农户自律观念不强且对这些非正式制度认可度不高，即使制定得再完美的村规民约，农户也不一定认真遵照执行。

农户是否规范生产，主要取决于农户自身对食用农产品质量安全的认知，需要通过内因起作用，而外部因素的引导是外因，需要通过内因发挥作用。从回归结果我们可以进一步得出以下启示，自律因素对农户道德风险行为的发生有显著的负向影响，有利于引导农户规范生产，这也意味着引导农户安全生产，关键在于提高农户的质量安全认知水平，培养农户的自律意识，增强农户的自律观念，发挥非正式制度在引导农户安全生产上的积极作用，逐渐地将规范农户生产行为由外在他律转为内在自律。

从表6－3和表6－4还可以看出，半参数Logistic回归模型的结果与二元Logistic回归模型的结果基本一致。但也存在显著不同之处，一是参数系数不同，二是各变量标准误显著降低，说明样本对总体代表性增强，用样本统计量推断总体的可靠性提升。出现这种情况的主要原因在于，半参数Logistic回归模型加入了对非线性部分的分析，这就将影响更加细化，使得出的模型更加有效。此外，从半参数Logistic回归模型结果中各变量的回归系数（也即边际效应），可以直观看出各变量对农户道德风险行为影响的程度，这也为政策建议的提出提供了更加科学的参考依据。

第六节　研究结论

在第五章的基础上，本部分将非正式制度因素引入实证模型，并借助二元Logistic回归模型和半参数Logistic回归模型，得出了以下研究结论。

第一，非正式制度是影响农户道德行为发生的重要因素。其中，“道德观念约束力”变量的回归系数为负，且在1%的水平上显著影响农户道德风险行为，说明在开展农业生产活动过程中，认为道德观念约束力强的农户，道德风险行为发生的可能性越低①。“村规民约制定情况”变量的回归系数为负，且在1%的水平上显著影响农户道德风险行为，说明所在村庄制定了村规民约的农户，其道德风险行为发生的可能性越低。

第二，研究结果进一步验证自律因素是影响农户道德风险行为发生的最重要因素。通过比较半参数 Logistic 回归模型的回归结果可以发现，在诸多约束农户行为的因素中，以“食用农产品质量关心情况”为代表的影响农户道德风险行为发生的自律因素边际效应最大，说明增强农户自律有利于规范农户生产行为、防范农户道德风险行为发生，因此，增强农户的自律观念和自律意识对于引导食用农产品农户安全规范生产至关重要。

本章小结

本章重点探讨非正式制度对食用农产品生产农户道德风险行为发生的影响。本书首先基于我国国情，梳理了政府为确保食用农产品质量安全所采取的规制措施，并指出以政府规制措施为代表的正式制度在一定程度上保障了食用农产品质量安全。但是，现实中食用农产品质量安全问题屡屡曝出，违规生产的现象屡禁不止，政府规制措施并没有完全消除农户道德风险行为，说明仅仅靠正式制度还难以保障食用农产品质量安全，分析非正式制度对农户道德风险行为的影响显得非常有必要。接着，本书分析了非正式制度的内涵及特征，介绍了当前我国农村非正式制度的发展情况，并重点阐述了非正式制度对农户生产行为影响的机理。然后构建出本章的理论模型，重点探讨非正式制度对农户道德风险行为的影响，包括影响方向、影响程度及影响机理等。在实证分析时，将可能对农户道德风险行为有影响的因素尽量考虑全面，然后共同纳入实证分析模型得出回归结果。在此基础上，提出研究假设、定义非正式制度变量、对数据进行描述性分析、借助统计分析软件得出实证结果。实证分析结果表明，非正式制度是影响农户道德行为发生的重要因素，其中，“道德观念约束力”和“村规民约制定情况”都负向

① 此为半参数 Logistic 模型的回归结果。

显著影响农户道德风险行为。研究结果进一步验证了自律因素是影响农户道德风险行为发生的最重要因素，在诸多约束农户行为的因素中，以“食用农产品质量关心情况”为代表的影响农户道德风险行为发生的自律因素边际效应最大，说明增强农户自律有利于规范农户生产行为、防范农户道德风险行为发生。因此，增强农户的自律观念和自律意识对于引导食用农产品农户安全规范生产至关重要。

第七章　食用农产品生产农户道德风险行为防范机制的建立

本章在前文研究的基础上，探讨如何建立食用农产品生产农户道德风险行为防范机制，包括防范的政策重点以及具体的防范措施。根据前文的研究结论可知，从长远来看，为有效防范农户道德风险行为，关键在于让规范生产成为广大农户的一种自觉行为。为此，一方面，提高农户自律意识、增强农户自律观念很有必要；另一方面，通过制度创新以及增强他律因素约束力来引导农户自律同样重要。因此，下文将从经济、社会、制度（包括正式制度和非正式制度）以及法律四个视角，农户自身、政府以及农业合作组织三个层面提出防范农户道德风险行为的政策重点和具体政策措施。

第一节　食用农产品生产农户道德风险行为防范的政策重点

当前，食用农产品生产农户道德风险行为发生的原因有很多方面，这其中既有人为因素，也有非人为因素；既与农户相关，也与消费者、政府以及农业合作组织相关；既是经济问题，也是社会问题；既因制度缺陷产生，也受法律漏洞影响。基于此，下文将分别从经济、社会、制度以及法律四个视角阐述食用农产品生产农户道德风险行为防范的政策重点。

一、经济视角

食用农产品是一种老百姓日常生活离不开的商品，随着老百姓收入水平的稳步增长，老百姓对食用农产品质量安全的要求大幅提高，新鲜、优质、营养、安全的食用农产品受到越来越多消费者的青睐。但是，当前食用农产品无论是在供给端，还是在需求端，甚至在流通端都存在一些问题，由此埋下了农户道德风险行为发生的隐患。

从供给端看，也就是生产农户这一端，食用农产品生产农户的收益充满不确定性。虽然政府鼓励农户生产安全食用农产品，但由于安全食用农产品生产成本高、技术难度大，再加上安全食用农产品因信息不对称而难以实现“优质优价”，导致安全食用农产品生产出来后，并不能获得期望的收益，甚至因市场行情出现变化而亏本，这便严重挫伤了农户的生产积极性。因而在安全食用农产品生产过程中，农户的努力程度降低，甚至把安全食用农产品当作常规食用农产品来生产，发生了道德风险行为。即使是常规食用农产品生产农户，为降低生产成本，也倾向于不规范生产，从而引发了道德风险行为，最终导致整个食用农产品市场上食用农产品质量安全水平降低，平均价格下降，进而波及安全食用农产品生产农户的利益。此外，由于农户收入水平低、收入来源有限、抗风险能力弱、盼富心理强，农户生产食用农产品考虑的首要因素是获利，以改善生存面貌。因此，在生产安全食用农产品的过程中，农户可能因为短期获利的机会主义倾向作祟，而不按照规范生产，最终发生了道德风险行为。所以，从经济视角看，切实保障农户尤其是安全食用农产品生产农户的种植收益、降低农户生产安全农产品收益的不确定性将是防范农户道德风险行为的政策重点。

从需求端看，也就是消费者这一端，虽然消费者青睐安全食用农产品，但因为信息不对称的存在，消费者容易发生“逆向选择”，导致安全食用农产品的销售情况并不理想。这其中的原因是多方面的，一是食用农产品质量安全信息不对称的存在，导致多数消费者对安全食用农产品不信任，因担心上当受骗，消费者宁愿购买常规食用农产品，遭遇安全食用农产品“无人问津”的尴尬局面；二是多数消费者的购买力不足，买不起比常规食用农产品贵几倍的安全食用农产品。安全食用农产品销售情况的不理想反过来又影响着生产农户的种植收益和生产积极性，诱导农户生产成本低质量不安全的食用农产品，从而引发道德风险行为。所以，从经济视角看，增加消费者对安全食用农产品的认知及购买将是防范农户道德风险行为的政策重点。

从流通端看，流通费用居高不下也是导致食用农产品价格高的原因之一。流通费用高与我国食用农产品流通环节低效率有关，突出表现为流通主体实力弱、流通环节多、物流基础设施差、信息化水平低等问题。这些问题的存在导致食用农产品被层层加价，出现“菜贱伤农”①、“菜贵伤民”的事件，不仅影响着食用农产品的需求，也影响到食用农产品的供给。这又诱使农户为降低生产成本而选择使用低价劣质农资或过量施用化肥、农药，诱发道德风险行为。此外，由于流通环节信息化水平低，导致食用农产品质量难以追溯，再加上流通环节也可能发生道德风险行为，这也进一步增加了生产环节农户道德风险行为发生的可能性。所以，从经济视角看，提高食用农产品流通环节效率、降低流通成本将是防范农户道德风险行为的政策重点。

基于上述分析，保障农户种植收益、增加消费者对安全食用农产品的认知及购买、提高流通环节效率等是从经济视角防范农户道德风险行为的政策重点。

（一）保障农户种植收益

农户生产食用农产品的主要目的是获取种植收益。所以，基于农户角度，为规范农户生产行为，应把保障和增加食用农产品生产农户尤其是安全食用农产品生产农户的种植收益放第一位，消除农户对未来收益不确定的担忧，提高农户的种植积极性。

首先，加快发展“订单农业”。采取“公司＋基地＋农户”“公司＋合作社＋农户”“农超对接”“农社对接”“电商巨头＋基地＋农户”等模式，引导食用农产品生产农户加入“订单农业”产业链上来，降低市场风险，拓宽食用农产品（尤其是安全食用农产品）销售渠道，促进农业增效和农户增收，切实保障和稳定食用农产品种植收益。

其次，出台优惠政策。鼓励食用农产品专业批发主体、加工企业、农产品电商与农户签订收购合同，在税收、贷款、流通、土地使用等方面提供优惠与便利。对参与订单农业生产、收储、加工、销售、品牌创建、标准化生产的各类主体，按照订单规模给予财政奖补，调动产销双方实行订单生产的积极性。加快建立订单农业的风险保障机制，规范订单的运行，强化订单双方的法律意识，切实提高订单的履约率，保障订单农业的健康有序发展。

---

① 本书指食用农产品流通主体，为获取更多的利润，一方面压低收购价格，另一方面抬高销售价格，导致食用农产品从产地到销售市场被层层加价，严重影响生产者和消费者的利益。

再次，大力发展食用农产品精深加工。推动农业产业化经营，创建优质食用农产品品牌，推进贸工农一体化、产加销一条龙的发展。大力开发农业多种功能，延长产业链、提升价值链、完善利益链，通过保底分红、股份合作、利润返还等多种形式，让农民合理分享全产业链增值收益。有效解决食用农产品的销售难问题，更有利于稳定和增加农户种植收益，确保食用农产品的质量安全。此外，依托资源优势、立足区位优势，实施“现代农业 +”工程，发展食用农产品个性化定制服务，提高食用农产品生产附加值。

最后，健全和完善农业保险。扩大农业保险的覆盖面，增加保险险种，不断地提高农业风险的保障水平，积极开发适应食用农产品生产农户需求的保险品种。通过政府提供保费补贴的方式，鼓励农户购买农业保险，提高农业保险参保率，降低食用农产品生产潜在风险，切实保障农户种植收益。

（二）增加消费者对安全食用农产品的认知及购买

当前，我国食用农产品存在的质量安全问题，与我国的经济发展水平密切相关。食用农产品质量安全信息不对称在任何国家都普遍存在，并不是我国的特例。解决这一问题的关键是使食用农产品质量安全的信息在农户和消费者之间尽可能对称。为此，农户可以通过取得“三品一标”认证、创建优质品牌、提供合格证等方式，主动向广大消费者传递食用农产品质量好的信号，以此降低信息不对称程度。消费者则可以根据自己所获取的信息结合自身认知，再决定食用农产品购买行为。但是，当前，对于安全食用农产品知识，我国多数消费者普遍缺乏认知，加上购买力不足，导致安全食用农产品销量并不理想，从而挫伤农户的生产积极性，甚至发生道德风险行为，最终降低食用农产品质量安全水平。消费者是食用农产品的最终需求者，消费者对安全食用农产品的认知和购买行为将直接影响到农户的生产行为，尤其是食用农产品的质量安全状况。因此，可从以下三方面着手：

首先，增强消费者对安全食用农产品的认知。消费者的购买行为是建立在自己对拟购买食用农产品质量信息的基础上。为此，政府及相关食用农产品监管部门应加强对“三品一标”食用农产品的宣传，通过微信、报纸、网络、电视、超市营销等途径，向广大消费者普及安全食用农产品知识，包括安全标准、生产标准、营养价值、鉴别方法、安全标识等。同时，消费者也应主动学习更多的安全食用农产品知识，不断提高对安全食用农产品的认知水平。此外，政府还应加强对“三品一标”食用农产品各环节的监管，确保“三品一标”食用农产品真正安全，以质量赢得消费者的信任，最终引导更多的农户生产安全食用农产品。

其次，转变消费者的消费习惯。俗话说，病从口入，食用的农产品如果是高污染、高残留的，那么消费者的身心健康就难以得到保证。因此，消费者也应该把购买安全食用农产品作为一种长期的健康投资，在购买力允许的情况下，尽可能选择安全优质食用农产品。同时，从自身健康考虑，拒绝购买来源不明、质量安全信息不确定的食用农产品，比如可以去大型商超、社区便利店购买。这样，一方面安全食用农产品生产农户的销量有保障，另一方面劣质食用农产品没有市场，从而可以通过消费者的消费行为引导农户生产行为向规范化转变。

最后，提高消费者的收入水平。消费者收入水平的提高将影响着消费者对食用农产品的选择与购买，收入高的消费者将有能力购买安全食用农产品。因此，应提高消费者收入水平，增强消费者对安全食用农产品的购买力，让更多消费者买得起安全食用农产品，从而提高安全食用农产品生产农户的生产积极性，引导农户生产出更多优质安全食用农产品。

（三）提高流通效率

基于当前我国食用农产品流通环节存在的突出问题，通过采取有效措施，不断提高食用农产品流通效率，降低流通成本。

首先，成立大型食用农产品物流企业。鼓励资金雄厚、规模庞大的物流企业进入食用农产品流通领域，既承担运输责任的角色，又充当批发商的角色，使上游种植和下游终端分销有机衔接，提高食用农产品流通环节效率。避免规模小实力弱的流通企业因追求利润最大化而导致食用农产品被层层加价的情况发生，切实保护农户和消费者的利益。

其次，切实减少流通环节。充分发挥现有大型批发市场、超市集团等的作用，采取“农超对接”“农社对接”“互联网 + 农业”等方式，减少流通环节，降低流通成本。创新食用农产品流通模式，借助互联网平台，采取原产地直供模式，让安全优质食用农产品“物有所值”，从源头上确保品质与安全，增加农户种植收益。

再次，加快完善物流基础设施。建立大型、规范、综合的安全食用农产品物流中心、农产品集散地，建设现代化农产品冷链仓储物流体系。加强农产品产后分级、包装、营销管理，打造农产品销售公共服务平台，支持供销、邮政及各类企业把服务网点延伸到乡村，健全农产品产销稳定衔接机制，大力建设具有广泛性的促进农村电子商务发展的基础设施。

最后，提高流通环节信息化水平。推进食用农产品流通体系信息化建设，建立食用农产品质量安全全程可追溯体系，加强农业投入品和农产品质量安全追溯体系建设，健全农产品质量和食品安全监管体制，降低优质安全食用农产品质量信息不对称程度，消除消费者对安全食用农产品的购买顾虑。

二、社会视角

农户生产行为是在内外部约束因素的综合影响下开展的。根据前文研究结论可知，农户的自律观念（对食用农产品质量安全的认知等）、道德观念等是影响农户道德风险行为发生的重要因素。但农户长期处于一个复杂的社会大环境中，其行为除受内部因素的影响外，还受到众多外部因素的影响。因此，防范农户道德风险行为，除了要增强农户自律观念，还应该充分发挥外部因素对农户行为的规范与约束作用。为此，基于当前农户农业生产实际，可以从农户自身、农村集体组织、政府等多方面着手，通过加强整个社会对食用农产品质量安全问题的关注，普及提高食用农产品质量安全水平的方法，倡导相关主体各司其职，共同致力于提高整个社会食用农产品质量安全水平，并最终改善所有社会成员的福利。

因此，基于社会视角，对于农户而言，重点是增强社会责任意识、加强道德修养，真正承担起生产质量安全食用农产品的社会责任；对于农村集体组织而言，重点是发挥其在农村基层自治（包括规范农户生产行为）中的作用，增强对农户生产行为的约束力，最终引导农户自觉规范生产；对于政府而言，重点是制定好“游戏规则”，同时当好裁判，履行好其在保障食用农产品质量安全上的作用。

（一）农户角度

一方面，增强社会责任意识。生产环节是食用农产品质量安全的源头，如果在生产环节食用农产品已经出现了质量安全问题，比如农户人为使用严重污染的水灌溉农作物，或者施用禁用农药防治病虫害等，即使其他环节加强监管，食用农产品的质量安全水平也难以提高，最终影响到整个社会食用农产品质量安全水平。为此，农户应有大局观念，要敢于承担社会责任，既然生产食用农产品，就应该生产质量安全的食用农产品，这样不仅有利于消费者的身心健康，其产品也

更容易得到社会认可，更有利于获得种植收益。因此，农户应增强社会责任意识，充分意识到食用农产品生产不仅仅是个人行为，其行为将影响到其他社会成员的利益。

另一方面，加强道德修养。道德修养是一种内化于心且对农户行为有约束力的行为规范总和。道德修养水平高的农户会自觉捍卫自己的道德人格，维护社会的整体利益，而不会不顾社会整体利益，损人利己，唯利是图。道德修养不是与生俱来的，但可以通过后天的实践与引导来加强。为此，农户应加强自我约束、自我学习，在平时的生产及生活中，增强对我国传统文化、社会习俗、道德观念及传统美德的认知，积极践行社会主义核心价值观，养成自觉遵纪守法的好习惯，不断地提高思想觉悟和道德水平。

（二）农村集体组织角度

作为基层自治单位，农村集体组织（村民小组）应该充分发挥其在管理农村事务中的作用。相比政府而言，某些地区的农村集体组织对农户的管理更直接、更有效、更有约束力。而在农村集体组织，约束农户行为的社会规范方面，当前主要表现为各地的成文及未成文村规民约、道德观念和社会习俗等。因此，农村集体组织可从以下几方面入手，增强其对农户生产行为的约束力。

首先，制定和完善村规民约。尚未制定成文村规民约的农村集体组织，可以借鉴其他农村村民自治的经验，从农户生产生活行为规范、农户权利义务、奖惩措施等方面，加快制定符合地方实情的村规民约。已制定村规民约的农村可以在农村基层管理实践的基础上，不断完善村规民约，重点添加或完善农户生产行为规范，比如“化肥农药施用规范、环境保护倡议、生态农业发展倡议”等。

其次，切实发挥村规民约的作用。加强对食用农产品质量安全事件的宣传力度，深入学习违规生产的反面案例，在实践中不断提高农户的质量安全意识。加强宣传教育，让群众在潜移默化中认知、认同村规民约。同时，成立村规民约理事会，理事会代表由本村作风公道正派、信誉好、有威望的农户代表组成，其职责是监督农户行为，确保村规民约的正常运转，真正发挥村规民约在规范农户生产行为等方面的作用。此外，村规民约应做到有约必依、执约必严，否则好的村规民约将会成为一纸空文，不利于发挥其作用。另外，村干部和党员更要带头遵规守约，有违规违约的村干部或党员，要照规处理，不得搞特殊化。

最后，保护与弘扬优良传统文化。积极倡导爱国敬业、诚信友爱、崇德向善、互帮互助的价值观，传承农村优良传统文化，树立良好村风民风。坚决抵制不良村风，防止不良风气在农村传播与蔓延。充分发挥优良传统文化对农户行为的正面引导作用。

（三）政府角度①

食用农产品生产离不开政府的监管，在当前我国部分农户自觉性不高、守法意识不强的背景下，尤其离不开政府的监管。因此，政府可从以下几方面着手强化对农户的监管。

首先，严格执法。政府要制定好“游戏规则”，将与食用农产品生产相关的规章制度宣传好，同时扮演好公正法官的角色，使政府规制措施真正产生威慑力和约束力。对于食用农产品安全事件，绝不手软，严惩违规生产农户，使其违规成本高于违规收益。

其次，提高农户受教育水平。农户的遵纪守法意识与农户的思想道德及文化素质密切相关，因此，政府还应加强对农户的教育投入，提高农户的受教育水平，增强农户守法意识。同时，加强对食用农产品生产规范、相关法律法规、奖惩措施的宣传，让广大农户形成认知，再通过教育及舆论的作用，引导农户生产行为规范化、标准化。

最后，制定奖励措施。对于遵纪守法的生产农户，政府应该鼓励并奖励，使农户规范的生产行为产生的正外部性能够得以补偿。此外，建议实施安全农产品生态补偿制度，以在一定程度上弥补安全食用农产品较高的生产成本，吸引更多的农户自觉生产优质安全食用农产品，进而提高整个社会食用农产品质量安全水平。

三、制度视角

制度是要求大家共同遵守的办事规程或行为准则，其实施的目的在于调节或规范人的行为，约束人们按照社会通行的做法开展各种活动。从人类社会发展的历史可以看出，制度的力量是无穷的。好的制度设计将极大地提高社会管理效率，降低社会运行成本。对于食用农产品生产活动而言，如果没有合理的制度约束农户行为，那么多数农户可能只考虑自身利益，最终选择不规范生产。而好的

---

① 因后文会从政府层面提出具体防范对策，所以这里的分析较简单。

制度设计将可以更好地约束农户生产行为，引导农户自觉规范生产，进而可以从源头确保食用农产品质量安全。

当前，在我国的制度体系中，约束农户行为的制度有正式制度和非正式制度两大类。在正式制度中，有各类法律法规、管理制度等，如《农产品质量安全法》、《食用农产品合格证管理办法（试行）》等。在非正式制度中，主要表现为成文或不成文的村规民约、道德观念、社会习俗等。从这两种制度对农户行为的影响机理看，都是约束农户行为的外在因素，也即属于他律的范畴。他律是农户在某种外部压力下，被动地遵守规则、道德、规范的非主动行为，表现为要我守法、要我守规。如果外在约束因素缺乏约束力，那么农户的行为将变得不自觉，这种约束机制对农户的约束力有限。他律的另一面是自律，也就是自我约束，是农户在自我认知的基础上，自觉遵守规则的主动行为，表现为我要守法、我要守规等，这种自律表现出来的是农户的一种自觉行为。

我国食用农产品生产环节出现的农户道德风险问题，一方面是外在约束对农户行为约束力不足，另一方面是农户自律意识不强。因此，增强外在约束对农户生产行为的约束力、提高农户自律意识将是制度层面规范农户行为的重点。但是，农户的自律意识不是与生俱来的，而是后天教育的结果，是对他律的认同与内化。没有他律，自律也就无从谈起。当个体自律意识不断增强到能够主动遵守规范时，就会形成自我约束的底线，使自己成为高度自律的人。因此，为更好地引导农户规范生产，从我国食用农产品生产的实际情况看，重点是充分发挥他律机制的作用，同时，通过制度创新引导农户自律。

（一）充分发挥他律机制的作用

为保障食用农产品质量安全，政府制定了与食用农产品生产相关的法律法规，如《食品安全法》《农产品质量安全法》，这些正式制度属于他律的范畴，能在一定程度上约束农户生产行为。但是，由于我国农户生产规模小、经营分散、农业规范化及标准化程度低，导致政府监管成本高，很多监管措施往往流于形式，因而正式制度对农户行为约束力有限。加上食用农产品监管环节多、链条长，监管部门职责划分不清，加剧了政府监管的低效率。

除了正式制度，在我国某些农村，非正式制度对于约束农户行为发挥着重要作用。正式制度和非正式制度一起共同约束着农户的生产行为。在某些地区，非正式制度的约束力甚至超过正式制度，比如，某些农户更愿意遵守村规民约。但与正式制度相比，由于没有法律约束力，非正式制度要发挥约束力，更需要农户的自觉意识，这也限制了非正式制度的全面推广。由于当前还没有更好的制度安排，虽然这些制度存在弊端，但在农户自律意识不强的背景下，还应该充分发挥这些他律机制的作用。

对于正式制度①，应总结各类法规在实施过程中存在的弊端，不断修改和完善。同时，应转变监管思路、创新监管模式、提高监管效率。首先，认清政府在食用农产品生产中的角色，强化政府的公共服务功能，在服务过程中加强监管；其次，加强对基层监管机构的能力建设，培育职业化的检查员，积极采用现代化检测技术及手段，扩大抽检覆盖面，加强日常检查；再次，加快健全从农田到餐桌的食用农产品质量安全监管体系，建立全程可追溯、互联共享的信息平台，实现食用农产品来源可查、责任可究；最后，加强标准体系建设，加快标准化基地建设，健全风险监测评估和检验检测体系。

对于非正式制度，应继续发挥好农村集体组织在规范农户生产行为中的作用。一方面，各级农村集体组织应制定好成文村规民约，把农业生产行为规范写入村规民约；另一方面，大力发展农村集体经济，做大集体经济，并将集体经济收益的分配与农户遵守村规民约的情况挂钩，引导农户自觉遵守村规民约，合理规范开展食用农产品生产活动。

（二）制度创新引导农户自律

农户在从事食用农产品的生产过程中，受到多种外在因素的约束，这些约束因素不断规范农户行为。刚开始时，农户可能会老老实实、规规矩矩地开展食用农产品生产活动。但是，随着时间的推移，农户发现外在约束存在弊端，比如政府或组织不可能时刻监督到农户的生产行为、政府或收购方不可能检测所有的食用农产品。即使农户违规生产，受到的惩罚也远小于违规获得的收益。因此，在食用农产品的生产过程中，少数农户可能会“学坏”，发生机会主义行为，违规生产，导致不安全食用农产品流入市场，最终引发食用农产品质量安全问题。为此，要解决食用农产品质量安全问题，仅仅靠加强外部约束还远远不够，还需要通过设计一种制度来引导农户自律，让生产质量安全的食用农产品成为农户的一种自觉行为。当前，农户安全规范生产食用农产品之所以还没有成为一种自觉行

① 主要从政府规制手段反映。

为，与政府监管制度有关，即尚未设计出一种能让农户自觉规范生产食用农产品的制度。因此，可以通过制度创新，引导农户自律，从而使规范生产食用农产品成为农户的自觉行为。

目前，农户在生产生活中，很多“资源”是由政府相关部门分配，比如农业补贴发放、农产品质量安全认证、贫困户认定、低保发放、医保报销、养老金发放等，而这些都是多数农户在乎的“资源”，直接影响到农户当前的和将来的切身利益。此外，银行等相关部门也拥有一些农户关心“资源”的分配权，比如信用贷款的审批与发放等，而这与农户的信用水平有关。因此，如果能建立农户生产行为信用系统，将农户的食用农产品的生产行为信息录入该系统，根据相关信用评级标准，确定农户生产行为信用状况，并将农户的信用状况与上述“资源”的分配挂钩，进而影响着农户的生产行为。因此，根据我国经济发展实际情况，可以考虑建立食用农产品生产农户生产行为信用体系①，实行守信激励和失信惩戒。

四、法律视角

食用农产品生产农户道德风险行为的发生，与农户法律意识淡薄、消费者维权成本高、农户违法成本低以及食用农产品质量安全法律存在的缺陷有关。食用农产品生产农户多数文化水平低、质量安全意识差、法律观念淡薄，因而在食用农产品的生产过程中，为了增产增收，过量施用化肥、农药，甚至违法违规生产，这不仅严重影响着食用农产品的品质，而且导致食用农产品农药残留严重超标。在政府监管不严的情况下，问题食用农产品流入市场。消费者食用后，对身体造成伤害，但由于维权意识不强，加上维权成本高、周期长，消费者往往放弃使用法律武器维护自身权益，这进一步诱导了食用农产品质量安全问题的发生。加上农户分散生产，以及政府监管难度大，即使农户违法违规生产行为被发现，也不会受到处罚或者处罚金额远小于其违法违规所得，法律对农户生产行为缺乏约束力。此外，我国食用农产品的相关质量安全法律体系也存在严重缺陷，主要表现为立法体系不完备、执法权分配不清、起诉举证困难，这些内在缺陷最终导致法律在保障食用农产品质量安全上难以发挥作用。为此，基于法律视角，重点

① 后文将详细介绍如何建立农户生产行为信用体系。

是不断地提高农户和消费者的法律意识，加快完善我国食用农产品质量安全法，提高农户违法生产成本，增强法律对农户生产行为的约束。

（一）提高农户和消费者的法律意识

一方面，通过电视、网络、微信等媒体，深入宣传与食用农产品生产相关的法律法规，让更多的农户知法、懂法、守法，不断提高农户的法律意识和守法观念，让遵规守法成为多数农户的自觉行为。同时，以真实案例的形式向农户传授法律知识，加深农户对相关法律法规的认知。

另一方面，消费者应加强对相关法律知识的学习，增强自身法律维权意识，积极利用法律武器依法处理各种利益关系，依法维护自身合法权益。主动通过热线等方式反映消费过程中遇到的各种食用农产品质量安全问题，为政府监管提供线索。

（二）完善食用农产品质量安全法

针对当前食用农产品质量安全法存在的弊端，在征集社会意见的基础上，不断完善。

首先，完善立法。按食用农产品的种类和生产环节进行划分，建立健全配套的单一法律，比如《农药残留检验法》《食用农产品产地认证法》《食用农产品市场准入法》《化肥投入法》等。通过立法的不断完善，实现食用农产品监管有法可依，有法必依，发挥法律手段在治理食用农产品质量安全问题上的强制性及权威性，增强法律对违规农户的威慑力。

其次，提高违法成本。农户之所以违规违法生产，敢于铤而走险，原因之一在于违法成本过低。为此，应将违法惩罚措施写入法律，对食用农产品生产尤其是安全食用农产品生产农户道德风险行为“零容忍”，加大处罚力度，切实提高违法成本。例如，对于农户施用禁用高毒农药的行为，被发现后，可以移交公安机关，并按照相关法律量刑，增强法律对农户生产行为的约束力，引导农户规范生产。

最后，合理分配法律责任。针对当前举证难的问题，实行举证责任倒置原则，消费者举证后，由生产者、经营者提供其生产、经营记录，以证明生产、经营过程的合法性。

第二节　食用农产品生产农户道德风险行为防范的具体措施

当前，生产环节食用农产品质量安全问题的产生与农户道德风险行为密切相关，而农户道德风险行为的发生是一个复杂的过程，也是多种因素共同影响的结果，会受到诸如农户个人特征等内在因素的约束，也受到诸如政府规制特征、食用农产品生产特征、非正式制度特征等外在因素的约束。结合前文的分析，为从源头确保食用农产品质量安全，根据当前食用农产品生产实际，可以从农户自身、政府及农业合作组织三方面采取具体措施，有效防范农户道德风险行为的发生。

一、农户自身方面

对于食用农产品生产农户而言，来自政府、农业合作组织、农村集体组织等对农户的约束都是外部约束，属于外因，而外因需要通过内因才能起作用。前文实证研究结果表明，农户对"食用农产品质量关心情况"、农户对"个人声誉或信用看重情况"负向显著影响农户道德风险行为的发生，而这些属于农户自律范畴，是内部约束因素，对农户行为起决定性作用。因此，防范农户道德风险行为的发生更应该从农户自身出发，通过增强农户的自律观念，引导农户自觉规范生产。为此，一方面，农户需要不断提高自身的质量安全意识，转变以往只注重单纯追求数量的生产观念，充分意识到生产安全食用农产品不仅是其最基本的义务，更应是生产行为的底线；另一方面，在生产实践过程中，逐渐培养自律观念，充分意识到生产出优质安全的食用农产品，将有利于农业收入的可持续增加，即在利他的同时实现利己行为。

（一）提高质量安全意识

对于广大农户而言，应在食用农产品生产实践中，加强对农业生产技术的学习，提高对食用农产品质量安全的认知，转变传统生产观念，面对市场需求和公众消费安全，承担起应尽的责任和义务，不断提高自身质量安全意识。

一方面，通过自学或其他途径，加强对国家相关农业政策、农产品质量安全知识和相关法律法规的学习与认知。同时，用知识与技术武装自己，使自己成为技能型现代农民，由此提升安全食用农产品生产能力。围绕安全农产品生产，在实践过程中，不断熟悉所种植食用农产品的种性特征、生长发育特性、病虫害识别与防控、农业投入品使用、安全使用休药期间隔期、安全生产技术、生产档案记录、产地准出要求、产品包装标识、质量追溯和问题产品召回等知识，真正做到安全生产、明白生产、规范生产和守法生产。

另一方面，积极参加农业部门、农业院校和农产品质量安全监管部门开展的食用农产品质量安全培训，增强自身质量安全意识、法律法规意识、风险隐患责任意识和诚实守信意识，提升种植安全食用农产品的技能和本领。积极响应国家号召，以市场需求为导向，推行绿色生产方式，在生产实践中尽量采纳环境友好化、质量安全化的生产方式，比如施用有机肥和生物农药，促进食用农产品生产由过度依赖资源消耗、主要满足“量”的需求，向追求绿色生态可持续、更加注重满足“质”的需求转变，并从源头保证食用农产品的质量安全。

（二）培养自律意识

自律是自我约束，主要依靠道德约束和个人修养。自律意识不是与生俱来的，与农户后天接受的教育及生产生活实践密切相关。为此，农户应加强对社会主义核心价值观的学习，提高受教育水平及个人修养，加深对社会道德价值观评判标准的认知，在实践中培养自律意识。同时，在日常的生产生活实践中，加强对村规民约的认同，自觉遵守村规民约，养成好的生产习惯，将村规民约对农户的约束由“要我守约”转变为“我要守约”，增强农户规范生产行为的自觉性。最后，农户应不断学习食用农产品安全知识，提高食用农产品生产技术水平，把生产优质安全食用农产品放在第一位，严格约束自己按照规范生产，并自觉向规范生产的农户学习，将生产安全优质食用农产品变成一种自觉行为，并使广大农户不敢发生、不能发生、不想发生道德风险行为。

二、政府方面

政府规制是约束农户生产行为的外在因素，在当前农户分散生产、小规模经营的背景下，政府规制的约束力有限。即便如此，在农户自觉性不强的情况下，食用农产品安全生产的“游戏规则”还需政府来制定，食用农产品安全生产的

“裁判员”还需政府来担任，食用农产品生产性服务还需由政府来提供。因此，为从源头保障食用农产品质量安全，对于政府而言，当前最关键的是抓好以下三方面的工作：一是完善激励和约束机制；二是严控农业化学投入品；三是尽快建立农户生产行为信用体系。

（一）完善激励和约束机制

安全食用农产品的生产不仅有利于确保食用农产品质量安全，更有利于改善农业生态环境，增强农业可持续发展能力。由于安全食用农产品生产的外部性，在市场不完善的情况下，安全食用农产品生产农户并不能获得其应有的收益，而不安全食用农产品生产农户却可能“搭便车”，获得超过不安全食用农产品的收益。因此，如果缺乏安全生产的外围激励机制和约束机制，农户生产的积极性就很难被调动起来。因此，为鼓励农户生产更多安全食用农产品，完善安全食用农产品生产的激励机制和约束机制很有必要。

一方面，加大激励力度。可以从产品认证、品牌创建、要素投入、技术指导、市场准入、产品检验等方面，加大对安全食用农产品生产农户的政策倾斜、扶持与奖励。对于安全食用农产品的产品认证及品牌创建，在满足相关规定的基础上，给予经济奖励，帮助农户创建绿色品牌。同时，加强与媒体的合作，通过宣传促品牌，以品牌促市场，以市场促认证管理和规模发展。积极发挥“三品一标”在推进农业标准化、品牌化建设中的示范引领作用，鼓励农户开展“三品一标”认证，提高“三品一标”认证率。另外，对于取得“三品一标”认证的农户，给予经济奖励，激发农户生产安全食用农产品的积极性。将“三品一标”认证作为加强食用农产品监管措施的挂钩优惠条件，在商场超市、机关食堂、餐饮单位等企业率先开展食用农产品市场准入试点，为“三品一标”产品开辟绿色通道，取得认证的产品可免检上市。在要素投入环节中，建立以绿色生态为导向的农业补贴机制，对农户使用的安全农业投入品，比如有机肥、生物农药等，给予价格补贴，最大限度地降低投入品成本，引导农户生产方式向绿色、安全、清洁的方向转变。在生产环节中，为农户提供病虫害物理防治技术，在田间地头免费安装太阳能杀虫灯，通过政府埋单的方式提供病虫害统防统治等农业生产性服务。在安全食用农产品销售环节，帮助农户开拓销售渠道，引导消费者购买安全食用农产品，逐步提高安全食用农产品的销售价格，切实保障农户收益。

另一方面，增强约束力。从项目申请、产品认证（换证）、加入组织、生产监管、市场准入等方面，强化对农户的约束。根据监管部门及群众举报获得的违规违法生产信息，录入信用体系，建立生产档案。对违规违法生产农户，实施严格的差别化政策，加大对违规违法生产行为的惩罚力度，提高违规违法生产的成本。比如，在农业项目申请时，取消违规违法生产农户申请资格；在产品认证（换证）时，提高认证门槛，严格审查程序；在加入农业合作组织时，提出更多的约束条件，对于已经加入了农业产业化组织的农户，可以在成员协商一致的情况下，根据退出机制予以清退；在生产监管环节，增加检测项目，提高检测频率，实施重点监管；在市场准入环节，提高食用农产品入市门槛，适用更加严格的检验检疫标准。同时，通过媒体曝光违法违规企业的生产行为，畅通群众举报途径，加大对群众举报的奖励力度。从政府、组织及社会多角度地加大对农户的约束，引导农户安全生产。

（二）严控农业化学投入品

因化肥、农药等投入品的不规范施用而引发的农户道德风险问题，与我国农业生产化学投入品生产、流通及施用环节存在的诸多乱象有关，比如假冒伪劣、虚假宣传、无证经营、标准不一、监管缺失、过量施用等，对食用农产品安全及农业生态环境造成诸多不利影响。

这些乱象产生的原因是多方面的，一是农业生产对化学投入品的过度依赖激发了企业的生产热情，企业为了逐利，导致各类农用化学品涌入农资市场；二是有效监管的缺失，导致农资市场违法违规经营的现象普遍，“假冒、劣质、违禁”化学投入品充斥整个农资市场；三是农户安全生产及环保意识不强，过分依赖化学投入品；四是农技部门扮演着化学投入品经销商的角色，对化学投入品的过量施用起着推波助澜的作用。对于农户而言，市场上有什么化学投入品就购买什么，经销商推荐买多少就买多少。所以，必须抓好源头，严格管控农业化学投入品市场，减少化肥、农药的施用量。

作为政府，可从以下几方面加强监管：

首先，开展专项整治。联合多部委，开展农资打假专项治理行动，对企业生产假冒伪劣农资和夸大宣传的行为保持高压严打态势，不断健全农资打假长效机制，保证企业合法生产活动能够正常开展，让混乱的化学投入品市场得以净化。同时，完善基层监管体系，加强农业执法力度，增强其震慑作用。此外，通过举办田间课堂、现场咨询和展览展示等形式，在全国范围内开展放心农资下乡进村活动，指导农民科学购买、合理使用农资产品，畅通放心农资下乡进村渠道。

其次，管控生产源头。一是建立农资监管平台，实行经营者“黑名单”管理和退出机制，将重点区域的农药经营门店全部纳入监管范围，发现经营假冒伪劣及违禁农药将依法从严从重查处。对于高毒农药，实施定点经营，农户购买时实行实名购买制度。对于其他化肥、农药，根据农户往年的种植面积及种植类型，实行配额制，限制施用量。二是推动农资领域信用体系建设，建立农资生产经营主体信用档案，制定出台农资违法失信黑名单管理办法，把信用作为各类农业项目申报、资格审查、行政许可审批的必要条件。

最后，提供技术指导。以我国深入推进农业供给侧结构性改革为契机，切实转变农业发展方式，坚持用绿色发展理念指导农业生产，通过技术指导、人才培训等方式，向广大农户普及绿色化、清洁化的农业生产方式，不断增加绿色优质食用农产品的供给。一是加强对农民的技术指导，鼓励农民科学用肥、精准用药，提高投入品利用率；二是采取定向培养的方式，加强农村农业技术人才队伍建设，大力培育有文化、懂技术、有干劲的农业经营者；三是培训植保服务组织和新型经营主体的技术骨干，提高施药技术水平。

（三）尽快建立农户生产行为信用体系

结合上文的分析，可以考虑建立食用农产品生产农户生产行为信用体系，具体如图 7－1 所示。

农户结合生产行为目标，在充分考虑内外部约束因素对其生产行为的约束后，开展食用农产品生产活动，表现出不同的生产行为，即规范生产或不规范生产。相关监管部门根据我国食用农产品（尤其是安全食用农产品）生产规范，开展随机抽查，或发挥农技部门、农村集体组织及农户的监督作用（比如违规举报），获取农户生产行为相关信息，如农药施用品种、施用剂量、施用时间、施用次数等，汇总后录入农户生产行为信用系统。各级农业行政主管部门根据农户生产行为信息，结合食用农产品生产规范，判断其生产行为是否规范，再参照信用评级相关标准，对农户生产行为进行信用评级，具体分为“信用好”和“信用差”两种情况。生产行为规范的农户，其信用等级表现为“信用好”，而生产行为不规范的农户，其信用等级则表现为“信用差”。这些信用信息将与政府公共信用共享平台实现信息共享。

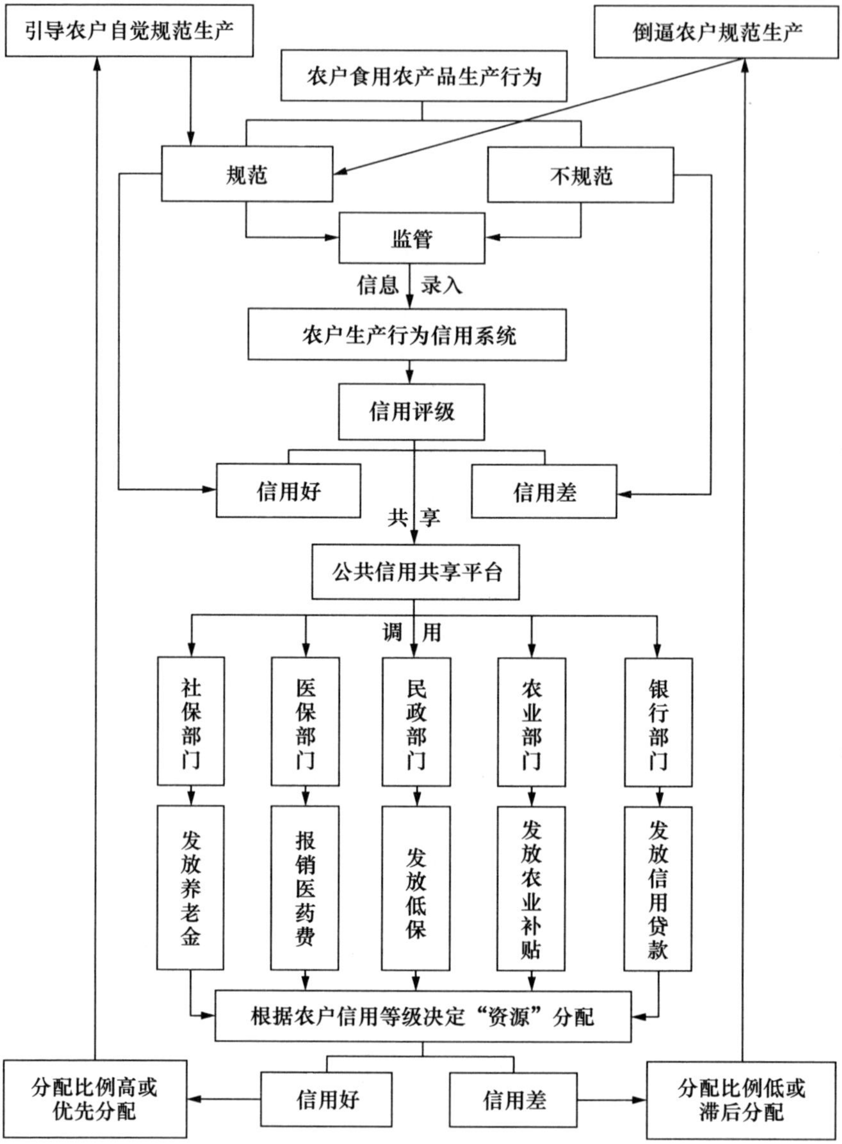

引导农户自觉规范生产
倒逼农户规范生产
农户食用农产品生产行为
规范
不规范
监管
信息 录入
农户生产行为信用系统
信用评级
信用好
信用差
共享
公共信用共享平台
调用
社保部门
医保部门
民政部门
农业部门
银行部门
发放养老金
报销医药费
发放低保
发放农业补贴
发放信用贷款
根据农户信用等级决定“资源”分配
信用好
信用差
分配比例高或优先分配
分配比例低或滞后分配

图7－1 农户生产行为信用体系

由于政府相关部门握有农户关心的一些“资源”的分配权力，比如“发放养老金①”“报销医药费”“发放低保”“发放农业补贴”“发放创业贷款”“发放

① 按照相关规定，农户需达到60周岁才可以领取养老金，但是60岁之前不规范的食用农产品生产行为，将影响农户未来潜在的收益，因此，在执行的时候，需向农户说明清楚。

信用贷款”等①，因此，诸如社保部门、医保部门、民政部门等可以根据公共信用共享平台中农户生产行为的信用等级，决定上述“资源”的分配比例及分配顺序。“信用好”的农户，其分配比例高或者优先分配，而“信用差”的农户，则分配比例低或者滞后分配。比如，医保报销，“信用好”的农户报销比例将比普通农户高，“信用差”的农户报销比例则比普通农户低，甚至不予报销。因此，“医保报销”这种“资源”就相当于政府对农户生产行为的激励与约束。对于其他“资源”，比如“农业补贴”，如果农户“信用好”，则予以优先分配。这样农户顺利得到了当年自己在乎的“资源”，将引导农户在下一生产年度及以后都自觉规范生产，从而使农户的生产行为变得规范、自觉且可持续。此外，还可以考虑将农户信用等级与政府免费提供的农业生产性服务挂钩，凡是“信用好”的农户，每年都能优先享受到政府免费提供的一些农业生产性服务，而“信用差”的农户则滞后享受到或不能享受到该服务。因此，农户生产行为信用体系的建立，增加了农户违规生产的成本，将让失信农户一处违规、处处受限。

当然，农户信用等级并非一成不变，而是动态的。在开展农业生产过程中，“信用差”的农户是重点监管对象。监管中发现“信用好”的农户不规范生产，则其信用等级将调整为“信用差”，直接影响到其在乎“资源”的分配。相关部门也将在后续的监管环节重点抽查这些农户的生产行为。当然，“信用差”的农户在后续监管中，如果其生产行为变得规范合理，则其信用等级也将相应调整，由“信用差”调整为“信用好”，其在乎的“资源”也能顺利得到。因此，如果农户在乎这些“资源”，并且看重个人声誉和信用的话，则农户生产行为信用体系的建立将倒逼农户规范生产，引导农户规范的生产行为变得自觉且可持续，极大地降低了政府监管的成本，提高了监管效率，从源头确保食用农产品质量安全水平的提高。

由于农户的当前利益及潜在利益与其信用等级挂钩，将引导农户自觉规范生

① 需要指出的是，现实中并不是所有的农户都在乎上述“资源”，因为有些农户认为发生道德风险行为增加的收益远超过这些“资源”的价值，因此这种信用体系对于这些农户而言可能没有任何约束力。例如，某些农户因生产行为不规范，被监管部门发现后，其信用评级表现为“信用差”，虽然如此，这些农户仍然不规范生产，发生道德风险行为。但是，这些农户将成为政府重点监管的对象，比如将这些农户的信息在媒体或宣传栏公开，从而这些农户生产不安全食用农产品的信息将传递给收购方或消费者，直接影响到食用农产品的出售，这些农户也将为自己不规范的生产行为“埋单”，在权衡利益后，最终这些农户还是会自觉规范生产，从而可以从源头确保食用农产品质量安全。

产，在一定程度上保证了食用农产品质量安全水平。此外，该信用体系的建立还可以预判食用农产品质量安全水平，降低农户生产行为信息不对称程度，从而影响到食用农产品的出售。首先，通过对农户生产行为的监管，可以根据监管信息（生产记录等）看出食用农产品的质量安全水平，并依此确定出食用农产品的质量安全等级，不安全食用农产品就可以被提前发现，从而可以在一定程度上避免食用农产品质量安全事件的发生。其次，该信用体系的建立将有利于降低农户生产行为信息不对称程度，提高消费者对安全食用农产品的认知，并最终影响到消费者对安全食用农产品的购买行为。最后，可以考虑对农户实施“黑名单”管理，凡是发现农户有严重的违规违法生产行为，直接列入“黑名单”，并及时通过黑板报、微信公众号等方式向农村集体组织等公布，并禁止收购方与该农户签订购销合同，防止问题食用农产品流入市场。对影响恶劣的重大失信违法行为，将依法从严惩处，并及时向社会公开曝光，使农户承受较大舆论压力。通过这种方式增加农户违规生产的成本，间接加大对农户违规生产的惩罚力度，农户在权衡利益后，会自觉规范生产，由他律转化为自律，使农户不愿失信、不敢失信、不能失信。

为此，应尽快建立食用农产品生产农户生产行为信用体系。政府可以借鉴食品安全信用体系建设经验，开展大量前期调查研究，预估可能存在的一些问题，充分听取各方意见，然后确定好实施细则，采取先行先试的方式，在某些省份先试点，最后根据试点的情况再向全国推广。当然，为保证实施效果，需要政府监管部门的配合，尤其是食用农产品生产一线监管者的配合，同时发挥广大农户及基层农村组织的监督作用，获取真实准确的生产信息，杜绝弄虚作假。当前，既要建立常规食用农产品生产农户生产行为信用体系，更有必要建立安全食用农产品生产农户生产行为信用体系，通过该信用体系的建立倒逼农户按照规范开展农业生产活动，从生产源头确保食用农产品质量安全水平。

三、农业合作组织方面

农业合作组织是具有管理、监督、协调、服务、沟通等职能的农村社会经济组织，在联结政府宏观管理、企业微观管理以及农户自主经营方面发挥着纽带作用，该种组织形式可以有效引导着农民进入市场。农业合作组织的设立目的是降低单个农户与市场的交易成本，提高农户应对农业风险的能力，改善农民的社会地位与经济地位。农业合作组织的发展对于农村稳定、农业发展、农民增收起到了重要作用。但从农业合作组织运行的情况看，也还存在一些问题，比如，缺乏法律保障、资金保障，辐射带动能力弱、抵御市场风险的能力不强、组织化程度低、管理落后、缺乏管理人才、服务成员的功能差等一系列问题。正因为如此，农业合作组织对农户的约束有限，农户生产行为存在随意性，不规范生产的情况比较严重，这也增加了道德风险行为发生的可能性。因此，对于农业合作组织而言，当前最关键的工作是抓好以下三方面：一是切实发挥好组织服务成员的作用；二是做好做大并分好经济“蛋糕”，以更好地引导农户安全规范生产；三是积极承担起农业现代化发展的重任。

（一）发挥好组织服务成员的作用

农业合作组织对成员的服务功能体现在以下一些方面，比如统一采购生产资料、统一组织销售、加强生产监管、宣传国家政策、提供技术指导和订单保障、发布供求信息、给予资金支持等方面。防范农户道德风险行为，从源头抓起至关重要。因此，农业合作组织可以从统一采购生产资料及提供技术指导入手。

一方面，统一采购生产资料。针对当前农资市场存在的乱象，可以由农业合作组织统一采购生产资料。这样不仅生产资料的来源和质量有保障，而且因生产资料问题给农户造成的损失组织更容易维权。此外，组织凭借生产经验，对农资的采购更精通，避免单个农户购买上当受骗的可能。同时，还可以加强对农户施用农药的监管，避免单个农户购买或施用高毒、高残留甚至违禁农药，确保投入品安全。

另一方面，强化对农户的技术指导。首先，加强对安全食用农产品知识及生产标准的宣传，让更多的农户进一步了解和认识安全生产，协助农户增强安全生产意识。其次，在病虫害高发的季节，由技术人员采取实地指导农户的方式开展病虫害防治，指导农户科学适量施用化肥、农药，从而有效防止农户施用违禁农药、增加喷药次数、提高农药浓度等不规范生产行为的发生，从源头纠正农户的违规生产行为。最后，及时向农户传授国家最新的安全食用农产品生产技术，向农户传授生物及物理防治病虫害方法，真正实现食用农产品的安全生产。

（二）做好做大并分好“蛋糕”

农业合作组织要真正发挥好对农户的规范与引导作用，与组织对农户的号召力及吸引力密不可分，而吸引力一方面来源于组织内部的影响人物，另一方面来源于组织是否真正能够给农户带来切实的利益，而后者更为关键。因此，为更好地规范和引导农户生产行为，增强组织对农户的号召力和约束力，必须把农业合作组织内部的经济“蛋糕”做好做大并分好。

一方面，做好做大经济“蛋糕”。农业合作组织应结合当地资源、生态及产业实际，培育壮大地方特色优势产业，推进传统农业转型升级。同时，推行绿色生产方式，打造特色优势品牌，增加绿色优质食用农产品供给，做好食用农产品深加工文章，拉长产业链条，使传统产业高端化，不断地提高产品附加值和市场竞争力，带动高效农业规模化发展，切实提高农业收益，做大做强集体经济，把分散农户组织起来实现抱团发展，建立防范农户道德风险行为的长效机制。

另一方面，分好经济“蛋糕”。农业合作组织还应完善规章制度，加强内部核算，分好经济“蛋糕”，保障组员的利益，防止组员侵吞财产的现象发生，确保组织稳健发展。只有这样，组织对农户的引导和规范才有效果，农户才会自觉服从组织的管理，不断提高农户生产安全食用农产品的积极性。

（三）积极承担起农业现代化发展重任

农业的现代化发展将能在一定程度上防范农户道德风险行为的发生。为此，农业合作组织应积极承担起在构建新型农业经营体系、培养新型职业农民、促进农业适度规模经营、推行农业标准化生产、提高农技服务水平、保障食用农产品质量安全等方面的重任。

总之，解决农产品质量安全问题可以说是一个长期的过程，既要打攻坚战，又要打持久战，既要治标，更要治本。

本章小结

本章在前文研究的基础上，主要探讨如何建立食用农产品生产农户道德风险行为防范机制，包括防范的政策重点以及具体的防范措施。本章一方面从经济、社会、制度以及法律四个视角提出了食用农产品生产农户道德风险行为防范的政策重点。首先，在经济视角层面，保障农户种植收益、增加消费者对安全食用农产品的认知及购买、提高流通环节效率等是从经济视角防范农户道德风险行为的

政策重点。其次，在社会视角层面，对于农户而言，重点是增强社会责任意识、加强道德修养，真正承担起生产质量安全食用农产品的社会责任；对于农村集体组织而言，重点是发挥其在农村基层自治（包括规范农户生产行为）中的作用，增强对农户生产行为的约束力，最终引导农户自觉规范生产；对于政府而言，重点是制定好“游戏规则”，同时当好裁判，履行好其在保障食用农产品质量安全上的作用。再次，在制度视角层面，为更好地引导农户规范生产，从我国食用农产品生产的实际情况看，重点是充分发挥他律机制的作用，同时，通过制度创新引导农户自律。最后，在法律视角层面，重点是不断提高农户和消费者的法律意识，加快完善我国食用农产品质量安全法，提高农户违法生产成本，增强法律对农户生产行为的约束。另一方面从农户自身、政府及农业合作组织三方面提出具体具体措施。本书认为，对于食用农产品生产农户而言，来自政府、农业合作组织、农村集体组织等对农户的约束都是外部约束，属于外因，而外因需要通过内因才能起作用。前文实证研究结果表明，农户对“食用农产品质量关心情况”“个人声誉或信用看重情况”负向显著影响农户道德风险行为的发生，而这些属于农户自律范畴，是内部约束因素，对农户行为起决定性作用。因此，防范农户道德风险行为的发生，更关键在于转变农户生产行为，通过增强农户的自律观念，引导农户自觉规范生产。为此，一方面，农户需要不断地提高自身的质量安全意识，转变以往只注重单纯追求数量的生产观念，充分意识到生产安全食用农产品不仅是其最基本的义务更应是其生产行为的底线；另一方面，在生产实践的过程中，逐渐培养自律观念，充分意识到生产出优质安全的食用农产品，将有利于农业收入的可持续增加，即在利他的同时实现利己。在政府方面，当前最关键的是抓好以下三方面的工作：一是完善激励和约束机制；二是严控农业化学投入品；三是通过制度创新，尽快建立农户生产行为信用体系。农业合作组织方面，当前最关键的是抓好以下三方面的工作：一是切实发挥好组织服务成员的作用；二是做好做大并分好经济“蛋糕”，以更好地引导农户安全规范生产；三是积极承担起农业现代化发展的重任。

第八章　我国从源头确保食用农产品质量安全的主要措施

为有效地防范农户道德风险行为，从源头确保食用农产品质量安全，我国相关部门积极探索新时期食用农产品质量安全管理新思路新模式，在管理体系、管理制度、管理方法等方面不断创新，切实转变了食用农产品质量安全监管方式，创新了部门间业务协作机制，为全面提升我国食用农产品质量安全监管能力和水平奠定了坚实基础。本章将简要介绍我国在防范农户道德风险行为、从源头保障食用农产品质量安全方面采取的一些主要措施，受篇幅限制，只选取了三种主要措施，即推行食用农产品合格证制度、创建国家农产品质量安全县以及建立食用农产品质量安全追溯体系。在内容方面，主要包括这些措施的管理办法、实施目标、实施原则、重点任务以及各地的成功经验。

第一节　推行食用农产品合格证制度

长期以来，我国食用农产品生产过程中存在经营主体数量庞大、主体责任意识淡薄、基层监管力量薄弱、食用农产品生产经营不规范等突出问题，这不仅增加了道德风险行为发生的可能性，也为食用农产品质量安全问题埋下了隐患，必须从源头妥善解决好这些问题。因此，在实践中，监管部门结合食用农产品生产与流通实际，探索出了一种新的管理制度，即食用农产品合格证制度。通过建立与市场准入制度相衔接的食用农产品合格证管理制度，推动着生产经营者采取一系列质量控制措施，确保其生产经营的食用农产品质量安全，并以合格证的形式做出明示保证，有利于规范食用农产品生产经营行为，有利于向消费者传递出质

量合格的信号，有利于形成有效的倒逼机制，约束着生产主体从源头确保食用农产品质量安全。这既是落实生产经营主体责任的迫切需要，也是构建农产品质量安全长效监管机制的现实需求，更是落实《农产品质量安全法》的必然选择，对于促进农业产业健康发展、确保农产品消费安全、实现农业高质量发展等都具有重大意义。

为此，根据《农产品质量安全法》及《农业部和食品药品监管总局关于加强食用农产品质量安全监督管理工作的意见》的有关要求，农业农村部选择了具有一定工作基础、食用农产品生产供应量较大的河北、黑龙江、浙江、山东、湖南、陕西等省，采取先行先试的方式开展主要食用农产品合格证管理试点工作。目前，该项工作有序推进，各省结合当地实际，探索出了不少可供复制推广的成功经验，为该制度在全国范围内推广奠定了扎实的实践基础。

一、管理办法[①]

（一）适用对象

食用农产品合格证制度中的食用农产品是指供食用的源于农业的初级产品。食用农产品合格证（以下简称合格证）是指食用农产品生产经营者对所生产经营食用农产品自行开具的质量安全合格标识。食用农产品合格证视同于产地证明、购货凭证和合格证明文件。

（二）合格证开具依据

食用农产品生产经营者应根据实际情况采取以下方式之一作为开具合格证的依据，确保其生产经营食用农产品的质量安全，对合格证的真实性负责。

1. 自检合格；
2. 委托检测合格；
3. 内部质量控制合格；
4. 自我承诺合格。

（三）合格证包含的信息

合格证应至少包括以下内容，参考样式见图 8－1。

① 摘自中华人民共和国农业农村部网站：《农业部关于开展食用农产品合格证管理试点工作的通知》。

1. 产品名称和重量；

2. 食用农产品生产经营者信息（名称、地址、联系方式）；

3. 确保合格的方式（合格证开具依据）；

4. 食用农产品生产经营者盖章或签名；

5. 开具日期。

合格证
产品名称和重量：
生产者：
确保合格的方式：
生产者盖章或签名：
开具日期：

图8－1　食用农产品合格证参考样式

说明：1. “生产者”一栏需填写名称、地址、联系电话等信息；

2. “确保合格的方式”指自检合格、委托检测合格、内部质量控制合格、自我承诺合格中的一种或多种。

（四）无须出具合格证的情况

以下几种证明材料可视同合格证，不必重复开具。

1. 无公害农产品、绿色食品、有机农产品及地理标志农产品有效期内的认证证书或登记证书复印件；

2. 有效的食用农产品质量安全追溯标签；

3. 肉品品质检验合格证章。

（五）其他规定

在推行农产品质量合格证制度过程中，应特别注意以下一些问题：

1. 县级以上农业（含畜牧兽医、渔业，下同）行政主管部门及所属的农产品质量安全监督管理机构负责合格证的推动、指导和服务工作；

2. 食用农产品生产经营者对其生产经营的食用农产品的质量安全负责。食

用农产品交易后，持有者对其持有的食用农产品的质量安全负责；

3. 食用农产品生产经营者应当建立合格证开具的档案记录，并至少保存两年；

4. 食用农产品生产经营者销售食用农产品时应当附合格证；

5. 违反本办法规定的，县级以上农业行政主管部门及其所属的农产品质量安全监督管理机构应加强督促、指导和教育。对于虚假开具合格证的，纳入生产经营主体信用记录。

二、重点任务①

（一）推动生产经营者规范开具和使用合格证

试点省农业（含畜牧兽医、渔业，下同）部门要推动各类生产经营者按照《食用农产品合格证管理办法（试行）》的要求，规范开具和使用食用农产品合格证，分批组织合格证管理业务培训，加大宣传动员力度，必要时进行现场指导。合格证开具主体应是食用农产品生产经营者，而不是政府相关部门，要坚持“谁开具、谁负责”的原则，强化食用农产品生产经营者的主体责任，对其生产经营食用农产品的质量安全负责。

（二）统一食用农产品合格证样式

试点省农业部门要按照《食用农产品合格证管理办法（试行）》规定的合格证参考样式，推行统一的食用农产品合格证，并逐步替代原有的产地证明、购货凭证和合格证明文件，便于生产经营者操作。《食用农产品合格证》是食用农产品生产经营者、市场开办者对其生产经营的食用农产品自行开具的质量安全合格标识。合格证的种类分为A、B、C三种，开具的依据是质量自检或者委托检测合格，或者内部质量控制、自我承诺合格等：A证由食用农产品生产者开具；B证由食用农产品集中交易市场开办者开具；C证由食用农产品销售者开具，同时起到分销凭证作用。

（三）加强食用农产品合格证的指导和服务

试点省农业部门要把食用农产品合格证作为对生产经营主体指导和服务的重

---

① 摘自中华人民共和国农业农村部网站：《农业部关于开展食用农产品合格证管理试点工作的通知》。

要内容，督促其规范开具和使用合格证，落实质量安全主体责任。要加强与农产品质量安全监测的有机结合，对于具有合格证的监测不合格样品生产经营主体，要加强督促、指导和教育，及时纠正不负责任虚假开具合格证的行为。

（四）探索食用农产品合格证管理的有效模式

推行食用农产品合格证管理，是农产品质量安全管理一项全新的政策措施。试点省农业部门要结合实际，勇于创新，积极探索食用农产品合格证管理的有效模式，逐步优化部门间协作机制，进一步转变监管方式，全面提升我国农产品质量安全监管能力和水平。

专栏一：各地推行食用农产品合格证制度的成功经验

1. 南宁市的做法①

我国食用农产品生产经营主体数量庞大、流向广，导致食用农产品质量安全监管难度大。推行食用农产品合格证制度，可以将产地准出与市场准入相衔接，确保消费者从正规渠道购买的食用农产品都有证、可追溯，这在一定程度上确保了食用农产品质量安全。为此，南宁市结合当地实际，出台了《南宁市食用农产品合格证制度（试行）》。南宁市的成功经验可以归纳为以下几点。

一是严格执行食用农产品质量合格证制度。根据《南宁市食用农产品合格证制度（试行）》相关要求，对于食用农产品生产者而言，其应当主动开具食用农产品合格证 A 证，并作为其生产的食用农产品进入市场的依据。对于食用农产品销售者而言，其在购进食用农产品时，应当主动向供货者索取食用农产品合格证，不符合要求的，不得采购和销售。对于集中交易市场开办者而言，其应当查验并记录入场销售者的食用农产品合格证，没有食用农产品合格证明的一律不得进场销售。此外，在食用农产品销售过程中，如果入场销售者无法提供食用农产品合格证，集中交易市场开办者应当在进场前或者进场时进行抽样检测或者快速检测，对抽样检测结果合格的，开具食用农产品合格证 B 证，方可进入市场销售，对抽样检测结果不合格的，不得进入市场销售，并监督销售者按照要求采取无害化处理、销毁等措施，防止其再次流入市场。对于数量较大的，集中交易市

① 摘自南宁市人民政府网站《我市推行食用农产品合格证制度，食用农产品将持“身份证”上餐桌》及《我市 11 个批发市场食用农产品持“身份证”入市销售产品质量可追溯生产经营更规范》。

场开办者立即向所在地食品药品监督管理部门报告，配合政府有关部门根据有关法律法规进行处理，并记录相关情况。

二是加大合格证制度宣传力度。为让广大食用农产品生产者、销售者及消费者尽快了解该项制度，南宁市食药监局通过开展培训、张贴宣传海报、印发宣传手册、发放告知书等多种形式，在全市各大农贸市场、超市进行宣传，并率先在食用农产品生产源头和批发市场规范合格证的使用。目前，《南宁市食用农产品合格证制度（试行）》推进工作正处于食用农产品生产源头和批发市场规范阶段，市食药监局在南宁市海吉星果蔬批发市场、金桥农产品批发市场等11个批发市场实施了《食用农产品合格证》，并指导、督促各市场建立检测室、设立进场查验登记岗，印制宣传资料、食用农产品合格证样本供市场开办者、食用农产品销售者使用，鼓励市场开办者和食用农产品销售者采用电子化手段对食用农产品合格证进行管理，以提高效率，便于查询。

三是积极落实合格证制度。聚亿农是南宁市江西镇的一家果蔬种植专业合作社，为更好地实施《南宁市食用农产品合格证制度（试行）》，合作社成立了快速检测室，每天对食用农产品进行农药残留抽样检测，经检测合格并开具C证后向外销售。广西海吉星批发市场则创新食用农产品质量管理模式，通过采用二维码形式，实现了食用农产品合格证的电子化、信息化，消费者只需扫描场内经营者商铺门口的二维码，即可了解到食用农产品的产地、品种、检测项目和结果等信息。通过食用农产品批发市场的严格准入，倒逼农户从源头按照规范开展农业生产活动，有效防范农户道德风险行为的发生。

2. 苏州市的做法①

食用农产品的质量安全直接关系到市民的餐桌安全，这是苏州的一项重要民生实事。苏州市食用农产品供应网络结构复杂，分布于各个乡镇、街道的400多家终端市场直接对接市民“菜篮子”。同时，这些市场内的食用农产品八成以上由外地输入。为此，建起有效的食用农产品产地准出和市场准入制度及衔接机制，是苏州市食用农产品质量监管的重点工作。苏州市的成功经验可以归纳为以下两个方面。

一是强化“两证”管理。目前，从外地进入苏州市场的每一批次食用农产

① 摘自《新华日报》《苏州升级食用农产品质量监督平台》。

品，都必须配齐两张“证”：一张是从原产地出发时带来的“身份证”，该“证”明确标注了产地信息，发生了食用农产品质量安全问题可溯源、可追责；另一张是“健康证”，由原产地或苏州市监管部门检验合格后颁发的产品质量合格证。食用农产品只有“两证”齐全，才能在苏州市场上自由流通。

二是实行全过程信息化管理。除了从源头上严把“两证”，苏州市还利用“互联网+大数据”的手段，实现产品销售的信息化流转。目前，全市已建成食用农产品批发市场销售质量安全监管平台，实现了苏州市1家一级批发市场，各市、区7家二级批发市场，主城区10家农贸市场的80%以上的大宗食用农产品来源可溯、去向可查、质量可信。目前，市民买菜，只需在摊位前扫一扫二维码，就能看到这批菜是从哪家批发市场进的货；执法检查发现问题，即刻拍照上传至移动监管平台，现场就能生成电子整改通知单，轻松实现“移动执法”。

第二节　创建国家农产品质量安全县

食用农产品质量安全是食品安全的源头，事关人民群众身体健康和生命安全，事关农业农村经济可持续发展和全面建成小康社会目标实现。党中央、国务院高度重视农产品质量安全工作，做出一系列重大部署，采取一系列重要措施。各地区、各部门按照中央要求，不断加大工作力度，取得了积极进展和成效，我国食用农产品质量安全状况总体稳定、逐步向好。但是，由于现阶段农业生产经营高度分散，食用农产品质量安全监管体系和机制尚不健全，特别是基层监管力量十分薄弱，质量安全事件仍时有发生，问题隐患依然存在，形势不容乐观，因此，保障食用农产品质量安全，必须从基层抓起。县域是食用农产品生产和质量安全监管的前沿，通过创建农产品质量安全县，有利于以点带面推动建立责任明晰、监管有力、执法严格、运转高效的农产品质量安全体系，对于切实保障食品安全、加快转变农业发展方式、推进现代农业发展具有重大意义。

一、创建目标[①]

（一）农产品质量安全水平明显提高

生产经营者自律意识全面加强，农产品生产企业和农民专业合作经济组织全面实行标准化生产，农业投入品安全使用，绿色生产技术有效推广，禁用农兽药使用和非法添加等违法违规行为全面杜绝，“菜篮子”产品抽检合格率达到较高水平，确保不发生重大农产品质量安全事件。

（二）农产品质量安全制度机制健全完善

投入品监管、产地准出、市场准入、检验监测、质量追溯、预警应急、社会监督等农产品质量安全监管制度健全，生产记录管理、绿色防控等食用农产品全程监管机制完善。

（三）农产品质量安全监管能力显著加强

农产品质量安全行政监管、综合执法、检验检测体系完善，乡镇监管机构和村级监管员队伍健全，农业投入品和农产品质量安全监管有力、执法到位、服务有效。

（四）农产品质量安全群众满意度不断提升

农产品质量安全公共服务水平显著增强，公众参与和社会共治水平不断提升，农产品质量安全问题投诉数量明显下降。

二、创建原则[②]

（一）属地管理，社会共治

创建县人民政府落实地方政府属地管理责任，充分发挥政府在规划制定、经费投入、体系建设、部门协调、监督考核等方面的主导作用，切实提升农产品质量安全保障水平。统筹利用社会各方力量，引入第三方考核机制，积极引导公众参与，共同监督农产品质量安全。

（二）注重创新，完善机制

发挥基层特别是创建县的首创精神，突出全程监管理念，支持探索符合实

①② 摘自农业农村部网站《关于印发〈国家农产品质量安全县创建活动方案〉和〈国家农产品质量安全县考核办法〉的通知》。

情、富有成效的新举措和新模式，着重构建符合我国农产品产销实际的质量安全监管制度机制。

（三）先行试点，引领带动

先期开展创建试点，探索有效的模式机制，引领带动各地、各级强化农产品质量安全工作，点面结合，以点带面，逐步推开，推动全国农产品质量安全工作水平整体提升。

（四）科学考核，客观公正

科学设置质量安全县考核指标，统一规则，统一办法，充分发挥地方的积极性，省级组织考核，确保结果客观真实、公平公正，力戒形式主义，杜绝弄虚作假。

三、重点任务[①]

国家农产品质量安全县创建，要满足人民群众安全消费需求，体现区域“菜篮子”产品主产县的最好水平，对周边地区、本省（区、市）乃至全国范围的农产品质量安全工作能起到示范引领作用。重点落实以下八项任务。

（一）全面落实地方政府属地管理责任

县级人民政府要对本地区农产品质量安全负总责，成立由主要领导牵头的农产品质量安全工作领导机构，加强组织协调，明确部门职责，强化保障措施。健全农产品质量安全监管政府考核体系、绩效考核机制和责任追究制度，加大监督检查力度，落实监管责任。农产品质量安全工作纳入政府重要议事日程，在规划制订、力量配备、条件保障等方面加大支持力度，每年制订年度工作计划。建立健全地方财政投入保障机制，将农产品质量安全监管、检测、执法等工作经费纳入县级财政预算，切实加大投入力度，年度增长幅度满足监管工作实际需要，保障监管工作持续有效开展。

（二）依法加强农产品生产经营主体管理

全面落实农产品生产企业、农民专业合作经济组织、畜禽屠宰企业、收购储运企业、经纪人和农产品批发、零售市场等生产经营者的主体责任。加强对农产

① 摘自农业农村部网站《关于印发〈国家农产品质量安全县创建活动方案〉和〈国家农产品质量安全县考核办法〉的通知》。

品生产经营的服务指导和监督检查，督促农产品生产企业和农民专业合作经济组织100%落实生产记录、质量承诺和从业人员培训制度，严格执行禁限用农兽药管理、农兽药休药期（安全间隔期）等规定。督促屠宰企业落实进厂（场）检查登记、肉品品质检验特别是“瘦肉精”检测等制度，严格巡查抽检。督促农产品收购储运企业和批发市场100%建立进货查验、抽查检测、质量追溯和召回等制度。建立农产品生产经营主体监管名录和“黑名单”制度，依法公开生产经营主体违法信息。建立健全病死畜禽和不合格农产品无害化处理的长效机制。

（三）切实强化农业投入品监管

强化农药、兽药、饲料及饲料添加剂等农业投入品市场准入管理，建立生产经营主体监管名录制度，加强生产、经营管理。落实农业投入品生产经营诚信档案及购销台账制度，建立健全高毒农药定点经营、实名购买制度，探索建立农药包装废弃物收集处理体系，严格实施兽药良好生产和经营规范，强化养殖环节自配饲料监管。全面推进放心农资连锁经营和配送，畅通经营主渠道。建设农业投入品监管信息平台，县域内农业投入品100%纳入平台管理。建立农业投入品质量常态化监测制度，定期对县域内主要生产基地、交易市场的投入品开展监督抽查。加强农业投入品使用技术指导，严格执行禁限用农兽药、饲料和饲料添加剂有关规定。严厉打击农业投入品生产环节非法添加行为，取缔无证无照农业投入品生产企业。

（四）扎实开展农产品质量安全监测

制订实施农产品质量安全监测计划，强化农产品质量安全隐患排查，摸清底数，防范风险。组织开展常态化监督抽查，抽检范围覆盖生产基地、销售企业、批发、零售市场及主要农产品，强化检打联动机制，依法严厉查处不合格产品及其生产经营单位。落实乡镇农产品质量安全监管机构职责，开展日常巡查、速测和指导服务等工作。督促农产品生产销售企业和农民专业合作经济组织落实产品自检制度。

（五）严厉打击违法违规行为

全面推行农业综合执法，强化农产品质量安全监管执法。加强农业投入品生产经营和农产品生产、收购储运、屠宰及批发、零售市场等重点环节执法检查，严厉打击制售假劣农资、生产销售使用禁用农兽药、非法添加有毒有害物质、收购销售屠宰病死动物、注水、私屠滥宰、虚假农产品质量安全认证、伪造冒用

“三品一标”产品标志等违法违规行为。加大案件查办和惩处力度，加强农业行政执法、食品安全监督执法与刑事司法的有效衔接，建立健全行政执法与刑事司法衔接信息共享平台，建立线索发现和通报、案件协查、联合办案、大要案奖励等机制，严惩违法犯罪行为。对各种违法犯罪行为，及时移送公安机关，案件移送率达到100%。及时曝光有关案件，营造打假维权的良好社会氛围。强化农产品质量安全隐患排查和风险预警，对违法违规的苗头性问题做到“露头就打”，绝不姑息。健全应急处置机制，妥善处置突发应急事件，降低负面影响。

（六）全面推进农业标准化生产

坚持绿色生产理念，大力推广质量控制技术，积极推行统防统治、绿色防控、配方施肥、健康养殖和高效低毒农兽药使用，制/修订与国家标准、行业标准相适应配套的地方主要农产品生产操作规程，入户率达到100%。鼓励扶持联户经营、专业大户、家庭农场，大力支持发展农民合作组织，提高农业生产组织化程度。加强技术指导和服务，推进标准化生产。加大宣传培训力度，普及相关法律法规和标准知识。加大蔬菜水果茶叶标准园、畜禽养殖标准化示范场、水产标准化健康养殖示范场建设力度。推行农产品质量安全认证，强化证后监管，健全认证补贴奖励机制。积极推进农业品牌化建设，无公害农产品、绿色食品、有机农产品、良好农业规范等获证产品占当地食用农产品生产总量或面积的比重达到40%以上，农产品地理标志登记保护工作有序推进。有效开展产地环境和污染状况监测，加强畜禽养殖粪便污染防治，科学合理调整农业结构和区域布局。

（七）健全农产品质量安全监管体系

明确有部门负责农产品质量安全监管、综合执法、检验检测工作和食品安全监督执法及相关检测工作，加强工作力量，落实保障经费，明确岗位责任，健全管理制度。加强乡镇农产品质量安全监管公共服务能力建设，达到“有职能、有条件、有经费”的要求，充分发挥作用。整合现有资源，配备县、乡两级必要的检验检测、执法取证、样品采集、质量追溯等设施设备及交通工具。乡镇农产品质量安全监管公共服务机构以及承担相应职责的农业、畜牧、水产技术推广机构要落实责任，做好农民培训、质量安全技术推广、标准宣传培训、督导巡查、监管措施落实等工作。建立职责任务明确、考核体系完备的村级质量安全监管员队伍，逐步建立村级服务站点。制订县、乡、村三级监管人员专门培训计划，做到全员培训，每名监管人员每年接受农产品质量安全方面的集中专业培训不少于

40 小时。

（八）完善创新制度机制

充分发挥地方的主动性和创造性，树立全程监管理念，健全产地环境管理、农业投入品监管、生产过程管控、收购储运过程监管、包装标识管理等基本规章制度。因地制宜地建立主要农产品质量安全追溯体系，实现与加工、流通领域追溯体系的衔接。农产品生产企业、农民专业合作经济组织、收购储运企业和农产品批发市、零售市场、加工企业实施以农产品质量合格证明为基础的农产品产地准出、市场准入、诚信管理等监管制度，保障农产品产地准出和市场准入衔接机制有效运行。推行社会共治，发挥行业协会和认证机构的作用，建立举报奖励制度。积极探索建立面向分散农户和收购储运主体的农产品质量安全责任落实机制和管理模式。推进产销衔接，形成一套科学管用的县域农产品质量安全监管制度机制。

专栏二：创建国家农产品质量安全县的成功经验

1. 威海市的做法①

威海市以创建国家农产品质量安全市为抓手，深入贯彻中央、省关于食用农产品质量安全工作的一系列安排部署，从供给侧入手狠抓食用农产品质量安全，坚持整建制推进，推动管理创新，组织动员各级全面参与创建国家农产品质量安全市，强化执行力，全面抓落实，猛药去疴、重典治乱，推动全市农产品质量安全工作再上新台阶。威海市的成功经验可以归纳为以下几方面。

一是明确各级责任，实行网格化管理。威海市大力推行责任网格化管理，在市县镇村四级分别成立了食用农产品质量安全监管机构，配备专职监管人员和办公设备，其中 64 个涉农镇、街道办全部配备了 2 ~3 名专职监管人员，所有 2496 个村全部遴选了 1 ~2 名村级协管员，实现了食用农产品质量安全工作全域监管一体化。同时，制定了《威海市农产品质量安全网格化管理实施方案》，将全市 2 亩以上的蔬菜和 10 亩以上的水果生产企业、合作社、家庭农场、生产大户全部纳入管理范围，推进产地准出与市场准入的有效衔接，做到基地、散户两手抓两手硬，全面构建横到边、纵到底、无缝隙的监管网络，实现全市农产品质量安

① 摘自威海新闻网《威海成为首批国家农产品质量安全市》。

全监管工作全覆盖。

二是严把源头关，实现过程全监管。早在2009年，威海市就率先实施了高毒农药定点销售和实名购买制度，2013年禁止生产、销售和使用国家限制使用高毒农药，并实行农药经营告知制度和农资购买一卡通制度，创新了源头管控的威海模式。通过农业标准化，从根本上解决农产品质量安全问题。目前，全市农业标准化生产基地面积达到158万亩，省级以上标准化生产基地达到44家，通过“三品一标”产地认定的农产品生产面积占食用农产品总面积的比率达到67%。

三是有效发挥检验检测平台作用。威海市注重检验检测平台建设，通过加大投入，不断提升食用农产品质量检测能力和水平。同时，威海市积极发挥市县镇（基地）三级检验检测平台作用，把全市主要农产品生产基地、农产品品种、重点农残项目全部纳入监测范围，去年国家、省、市、县级农业部门在威海市共抽检食用农产品样品3149个，累计检测项目7万多项，检测合格率达到99.8%，本地生产的农产品中禁用药物检测合格率达到100%。

四是建立三部门联动协作机制。建立了农安、食安、公安“三安”联动的协作机制，推动了农产品质量安全行政执法和刑事司法衔接，部门协同配合不断增强，健全了农产品质量安全以及农资打假工作的常态化联系。同时，建立了全市联动的农产品质量安全监管平台，整合荣成市、文登区和乳山市农产品质量安全监管平台资源，建设全市统一的农产品质量安全信息指挥中心，将信息监管的触角延伸到全市每一个镇、村，全面实现农业执法网络实时指挥、监管预警信息发布全覆盖、农残检测大数据各级共享、农资和农产品信息档案有据可查等信息化监管。

通过近几年的不懈努力，威海市全面建立了“预防为主，源头治理，全程监管”的农产品质量安全监管体系，标准化的生产理念贯穿了农业产前、产中、产后的全过程，质量安全监管覆盖了农产品生产、流通、消费等各环节。创建国家农产品质量安全市的过程成为威海市农产品质量持续改善、安全监管持续加强、人民群众持续受益的过程。

2. 玉山县的做法①

“民以食为天，食以安为先。”自2017年3月玉山县被确定为第二批国家农

---

① 摘自新华网《玉山：织牢农产品质量安全网　让群众放心购买安心食用》。

产品质量安全县创建试点单位以来，该县把农产品质量安全作为关乎百姓身体健康和生命安全的重大民生实事来抓，强化责任体系、网格化监管体系、投入品准入体系、基地标准化体系、检测体系、执法体系、科技宣传体系、追溯体系建设，织牢农产品质量安全网，努力做到让群众放心购买、安心食用。玉山县的成功经验可以归纳为以下几方面。

一是扎实有序开展创建工作。“健康大厦始于一砖一石，食品安全凝聚一点一滴。”在创建工作中，县委、县政府成立了领导小组，印发了《玉山县创建国家农产品质量安全县实施方案》，与各乡镇签订了农产品质量安全责任状，县农业局与农产品生产经营主体签订了农产品质量安全承诺书，明确了工作任务、职责和目标，把农产品质量安全监管工作纳入乡镇年度考核，充分调动各乡镇、各相关部门重视农安工作的主观能动性，并且确保了财政预算资金的投入，确保创建工作全面落实、扎实有序开展。

二是实现网格化监管全覆盖。目前，玉山县 16 个乡镇已全部设立了农产品质量安全监管检测站，乡镇有监管检测人员 36 人，村级协管员 214 人，做到“有机构、有场所、有人员、有设备、有经费、有制度”，各乡镇站都能独立完成定性检测任务。同时加强数据库建设，建立了监管对象数据库并实行动态管理，各乡镇分别制作了监管网络平面图，实现 100% 纳入监管对象数据库管理。以村为基础网格设立村级协管员，做到“村有人看”；以乡镇为属地网格设立乡镇监管站，做到“乡有人管”；以县为监管网格，负责监督基础网格和属地网格责任落实，构建横向到边，纵向到底，全域覆盖的网格化监管体系。

三是提升检测监测能力。玉山县在日常监管工作中，扎实做好专项整治、农资打假、督导巡查和畜禽定点屠宰监管等，积极开展农产品质量安全专项治理行动。在农资打假工作中，围绕春耕、三夏、秋冬种等重点农时，严厉打击非法制售种子、农药、肥料、兽药、饲料和饲料添加剂、水产苗种等假冒伪劣农资的行为，全年执法人员已经开展农资打假 8 次，检查城乡农资经营门市部 221 家次。此外，该县坚持源头管控，加强产地环境管理，严格控肥控药控添加剂，推进减量化绿色生产，开展经常性的生产规范性督查，切实落实禁限用规定和休药间隔期、生产档案记录等制度。

四是推行标准化生产。玉山县重视农业标准化生产示范创建，先后出台了推进茶叶品牌整合、关于扶持现代农业示范园区建设、加快推进“马家柚（信木柚）”产业发展等一系列文件，加大品牌培育，推进“三品一标”认证，打造了一批安全优质的玉山农产品地域品牌，充分发挥“三品一标”品牌优势、制度优势和体系优势，用安全优质品牌农产品引领和带动农业标准化生产。现在，全县已有“三品一标”农产品 97 个。

五是增强全民安全意识。玉山县先后举办四期各类农产品质量安全培训班，开展好“全国食品安全宣传周”和“送科技下乡”等活动，加大农产品质量安全公益宣传，广泛普及农产品质量安全知识，督导生产经营者落实质量安全主体责任，树立质量安全自律意识。通过县内新闻媒体专栏、专题报道，发放一万多册创建宣传折页资料，刷写 100 多条固定宣传标语，编发创建微信美篇的宣传，提高了全民创建知晓率和参与率，保障农产品质量安全已深入民心。

第三节　建立食用农产品质量安全追溯体系

我国食用农产品质量安全管理工作的实践表明，加强对食用农产品各环节生产经营主体的监管，做好食用农产品生产、加工、运输、销售等所有环节的完整信息记录，确保实现食用农产品“从农田到餐桌”全过程可追溯是保障食用农产品质量的最有效手段。为此，建立食用农产品质量安全可追溯体系，不仅是一项保障食用农产品质量安全的民生工程，而且是信息化时代强化食用农产品质量安全监管能力建设的重大战略选择。近些年，我国在食用农产品质量安全追溯体系建设上积极探索，取得了丰硕的成绩，不仅提高了食用农产品质量安全突发事件的应急处理能力、增强了政府管理部门的监管效率，而且极大地增强了我国消费者的安全感。2014 年，农业部制定了《农业部关于加快推进农产品质量安全追溯体系建设的意见》，具体内容如下。①

一、原则及目标

（一）基本原则

坚持政府推动与市场引导相结合，明确政府、生产经营主体、社会化服务机

① 摘自农业农村部网站《农业部关于加快推进农产品质量安全追溯体系建设的意见》。

构的职责定位，调动各方积极性；坚持统筹规划与分步实施相结合，做好顶层设计和整体规划，先行开展试点，分步推广应用；坚持农业部门主导与部门协作相结合，建立追溯管理与市场准入衔接机制，加强与有关部门的协作，保障追溯体系全程可控、运转高效。

（二）主要目标

建立全国统一的追溯管理信息平台、制度规范和技术标准，选择苹果、茶叶、猪肉、生鲜乳、大菱鲆等几类农产品统一开展追溯试点，逐步扩大追溯范围，力争“十三五”末农业产业化国家重点龙头企业、有条件的“菜篮子”产品及“三品一标”规模生产主体率先实现可追溯，品牌影响力逐步扩大，生产经营主体的质量安全意识明显增强，农产品质量安全水平稳步提升。

二、重点任务

（一）建立追溯管理运行制度

出台国家农产品质量安全追溯管理办法，明确追溯要求，统一追溯标识，规范追溯流程，健全管理规则。加强农业与有关部门的协调配合，健全完善追溯管理与市场准入的衔接机制，以责任主体和流向管理为核心，以扫码入市或索取追溯凭证为市场准入条件，构建从产地到市场到餐桌的全程可追溯体系。鼓励各地会同有关部门制定农产品追溯管理地方性法规，建立主体管理、包装标识、追溯赋码、信息采集、索证索票、市场准入等追溯管理基本制度，促进和规范生产经营主体实施追溯行为。

（二）搭建信息化追溯平台

建立“高度开放、覆盖全国、共享共用、通查通识”的国家平台，赋予监管机构、检测机构、执法机构和生产经营主体使用权限，采集主体管理、产品流向、监管检测和公众评价投诉等相关信息，逐步实现农产品可追溯管理。各行业、各地区已建追溯平台的，要充分发挥已有的功能和作用，探索建立数据交换与信息共享机制，加快实现与国家追溯平台的有效对接和融合，将追溯管理进一步延伸至企业内部和田间地头。鼓励有条件的规模化农产品生产经营主体建立企业内部运行的追溯系统，如实记载农业投入品使用、出入库管理等生产经营信息，用信息化手段规范生产经营行为。

（三）制定追溯管理技术标准

充分发挥技术标准的引领和规范作用，按照“共性先立、急用先行”的原则，加快制定农产品分类、编码标识、平台运行、数据格式、接口规范等关键标准，统一构建形成覆盖基础数据、应用支撑、数据交换、网络安全、业务应用等类别的追溯标准体系，实现全国农产品质量安全追溯管理“统一追溯模式、统一业务流程、统一编码规则、统一信息采集”。各地应制定追溯操作指南，编制印发追溯管理流程图和明白纸，加强宣传培训，指导生产经营主体积极参与。

专栏三：我国建立食用农产品质量安全追溯体系的成功经验

1. 仙居县的做法①

近年来，仙居县以创建省级农产品质量安全放心县为契机，率先在全省建成食用农产品分类追溯系统，现已取得初步成效。2015 年以来，仙居以“守底线、保安全、促发展、惠民生”为主旨，积极探索食用农产品质量追溯模式，追溯体系建设工作目前取得了阶段性的突破，在全县试点实施了全链应用。仙居县的成功经验可以归纳为如下几个方面：

一是严格落实层层主体责任制度。2016 年年初，仙居正式开始追溯体系的建设工作，以源头管理为出发点，以城区农贸市场、商场超市、专卖店、配送中心等食用农产品经营单位为核心，积极采取措施落实经营者主体责任，做到源头可溯，责任可究。目前，每家农贸市场已至少配备 1 名食用农产品质量安全管理员，负责对进入市场的食用农产品进行检查，禁止来源不明及持无效质量证明的食用农产品入场销售，并对查验情况进行记录备案。同时，通过培训、约谈等形式，对市场开办者与经营者宣传新版《食品安全法》《食用农产品市场销售质量安全监督管理办法》等法律法规，要求开办者对市场内销售的食用农产品质量安全全面负责，并与场内经营者签订食用农产品质量安全承诺书，明确了质量责任，树立经营者主体责任意识。此外，仙居市场监管局还督促指导农贸市场制定和完善食用农产品进货查验，规范场内经营者认真落实索证索票、建立健全食品经营台账，建立和完善一户一档制度。截至目前，共开展约谈、培训会 5 次，全县 7 家农贸市场主办单位、521 户农产品经营户（含 12 户农产品批发户）全部签订了质量安全承诺书，并实现了农贸市场经营户台账、食用农产品进货台账百分百建立。

① 摘自中国食品安全报网站《仙居打造“从农田到餐桌”食用农产品质量追溯体系》。

二是采取多样化食用农产品信息传输途径。仙居县以便捷服务消费者为立足点，以强化食用农产品销售环节监管为目标，以该县城区农贸市场为重点，通过多管齐下的有效方式，实现食用农产品从农田到餐桌的全过程追溯与食用农产品的信息分类追溯，将精细化追溯和基本化追溯信息做到多途径的输出。2016 年 5 月，仙居县在县城关中心菜场推行“一票通”制度，规定农贸市场批发商，以及向餐饮服务单位、食堂、食用农产品生产企业等单位销售食用农产品的零售商，均须使用“一票通”销售凭证，“一票通”上印制了销售单位、证照号码、地址、联系电话以及当地监管部门的二维码与监督电话等内容。“一票通”实行一式两联，客户联作为购货者的购货凭证和进货台账，存根联作为销售者的销货凭证和销售台账，按月装订成册，实现农产品流通记录台账。同时仙居监管局还强化对机关企事业单位食堂、校园食堂、重点餐饮服务单位、食用农产品生产企业等单位索证索票与进货台账制度落实情况的执法检查，以倒查形式督促上游销售单位认真落实“一票通”制度。截至目前，仙居共发放“一票通”30000 本，已使用 20000 余本。覆盖了全县 550 家大型餐饮企业、学校及机关企事业单位食堂，覆盖率达 100%。累计开展了 3 次“一票通”使用情况等专项检查活动，发现未使用或者使用不规范单位 53 家并发放了整改通知书。“一票通”的使用，规范了食用农产品进销凭证，实现了食用农产品来源可追踪、去向可查、方便实用的追溯管理功能。

同时，仙居针对本地大型农产品生产基地的农产品，从源头入手，由种养企业采集包括从产地、播种、施肥、杀虫直至采摘的精细化信息，再通过二维码打印机输出信息。对无法追溯精细化信息的农产品，实行基本信息采集。目前，全县共有 71 家种养单位应用二维码追溯，并全部配备二维码打印机，其中县级以上示范性合作社、农业龙头企业共 67 家，二维码追溯覆盖率 100%。该县中心菜场、仙居绿色农产品专卖市场销售的农产品中 21 种实现了精细化追溯，69 种实现基本追溯；为农产品经营者配备二维码溯源电子秤，经营者只需使用电子秤配置的扫描器扫描商品大包装上的二维码，即可将信息传输到电子秤中，消费者在用电子秤称量其所购买的商品时，可立即生成带追溯二维码的商品销售小票，内容包括交易时间、价格、摊位、种养企业等信息，真正实现信息从生产单位到消费者的无障碍传输。目前，该县为中心菜场、绿色农产品专卖市场配备了 146 台溯源电子秤，覆盖率 38.9%。

三是推进各方数据信息对接深化体系建设。追溯体系的建立不是孤军奋战，而是需要多方建成互联互通的平台。在追溯体系建设开展的工作过程中，仙居局将该县已有的肉类和其他蔬菜追溯体系，包括农业监管部门追溯体系、肉品耳标追溯体系，与二维码追溯体系平台进行数据对接，实现信息交换，避免了追溯体系的重复搭建，节省了人力、物力、财力资源。仙居市场监管局总工程师朱晓东告诉记者，仙居目前打造的追溯体系将着力打破信息孤岛，让信息活过来。让监管部门、企业、消费者三方实现信息共享，一方面能够减少信息的重复录入，节约时间成本，提高监管效率；另一方面信息在部门之间实现互联互通，建立全过程的有效监督，同时利用手机 APP 等终端将信息在消费者面前公开，形成食品安全监管大格局。目前，三个平台数据对接正在建设中，预计建成后，将减少60%数据重复输入。同时，为提高可追溯农产品比例，针对外地或其他没有提供产地证明和合格证明的食用农产品，积极发挥快速检测室的作用，对农产品实行入市检测制度，检测合格的，附上合格证明，实现“一票通”或“二维码”基本追溯；检测结果呈阳性的农产品，全部禁止进入市场，并追查来源，对所有不合格农产品及时进行无害化处理，确保可追溯农产品的质量安全。据统计，近年来，仙居已累计检测农产品 14320 批次，不合格 20 批次，销毁不合格农产品 170 公斤，立案查处 3 件，所有可追溯农产品未发生食品安全事故。在互联网时代的影响下，仙居将追溯体系的网进一步深化，开通了台州市首家网上农贸市场——仙居买菜网，建立入驻与追溯挂钩机制，仅限实现“一票通”或“二维码”追溯的农产品入驻该网上市场，利用倒逼促进生产和经营者转型升级。目前，买菜网共有 7 个大类 191 个品种入驻，全部农产品可追溯，其中双向追溯率达 67%，推动 7 家种养企业、2 个经营摊位实现电子追溯，2 个摊位实现纸质追溯，另有 3 家种植企业和 8 家零售企业已与网站达成合作意向，正在建设追溯体系中。

2. 鞍山市的做法①

为实现食品及食用农产品质量安全可溯可控，鞍山市食药监局积极探索、大胆尝试，初步建立起符合地区发展和监管实际的食品及食用农产品质量安全追溯体系，有效控制了食品及食用农产品质量安全风险，全面提升了全地区食品及食

① 摘自辽宁省食品药品监督管理局网站《鞍山市扎实推进食品及食用农产品质量安全追溯体系建设》。

用农产品安全监管水平。鞍山市的成功经验可以总结如下：

一是实施入户巡查，建立主体档案。通过逐门入户巡查，全面掌握了鞍山地区食品及食用农产品经营主体基本底数，详细记录每个经营主体的基本信息和经营情况。全地区记录在案的食品销售经营户 11353 户、食用农产品经营者 11850 户，并全部建立完整的经营主体档案。

二是实施责任约谈，明确主体责任。坚持问题导向，通过“责任约谈”督促食品及食用农产品经营者落实主体责任的“四个标准”，共对 48 家 1000 平方米以上超市、食用农产品批发市场负责人实施了主体责任约谈工作。同时，实施食品及食用农产品销售风险分级监管，通过科学的管理标准，把食品及食用农产品销售者量化分级成 A（低风险）、B（较低风险）、C（较高风险）、D（高风险）四个等级，针对不同风险等级实施相应监管，并将监督检查结果向社会公示。

三是实施农残快检，不合格退市溯源。引导和推进鞍山地区 37 家 1000 平方米以上的超市、食用农产品批发市场建立农残快速检测室，每天对入市销售的蔬菜、水果等食用农产品进行快检，并在早上 9 点 30 分前利用 LED 显示或公示板在市场内显著位置将检测结果进行公示。对不合格食用农产品实行“场厂挂钩”、“场地挂钩”等协议准入制度，对供给不合格食品的供货商，及时提出改进的要求或者依法解除协议供货关系，以此倒逼索证索票落实。

四是实施严格监管，完善监管链条。强化日常监督检查和专项整治，督促引导食品及食用农产品经营者建立进货台账记录、销售台账记录，落实索证索票制度，主动向消费者出具销售凭证，把好食品市场准入关和准出口关。同时，加强食品及食用农产品销售过程中的采购、储存、运输、陈列、销售等环节的监管保障食品及食用农产品追溯链条连续完整。

五是实施示范创建，推动典型引领。在全地区确定了大润发超市、新兴批发市场、宁远蔬菜批发市场、雨润农产品交易中心等 8 家食品及食用农产品销售示范单位，实行严格动态监督管理，并逐步增加示范单位数量以点带面，促进食品及食用农产品销售市场的全面规范，逐步构建点面结合的食品及食用农产品销售追溯体系。

本章小结

本章立足我国食用农产品质量安全监管现状及存在的突出问题，基于我国食用农产品分散化生产实际，介绍了当前我国从源头确保食用农产品质量安全的三种主要措施，即推行食用农产品合格证制度、创建国家农产品质量安全县以及建立食用农产品质量安全追溯体系。同时，各级食品农产品质量监管部门积极探索，得出了许多新时期食用农产品质量安全管理的可复制推广的新思路新模式，为全面提升我国食用农产品质量安全监管能力和水平奠定了坚实基础。因此，本部分还介绍了全国各地食用农产品质量安全管理的一些成功经验，这为其他地区从源头提升食用农产品质量安全水平提供了经验借鉴。

第九章　主要研究结论与展望

第一节　主要研究结论

本书在实地调研的基础上，以食用农产品生产农户道德风险行为作为研究主线，按照农户道德风险行为发生机理、影响因素、防范机制的思路展开研究，并借助规范分析和实证分析相结合的方法，主要得出以下研究结论：

第一，当前我国食用农产品质量安全形势整体稳中趋好，但食用农产品质量安全事件也时有发生。目前，我国食用农产品质量安全问题产生的主要原因在于生产环节出现了问题，这些问题突出表现为农户受利益驱使而发生道德风险行为等。

第二，农户道德风险行为的发生受内因和外因的综合影响，其中内因包括农户生产行为的有限理性、农户存在机会主义倾向、追求种植收益最大化以及农户自律观念淡薄四个方面，外因则包括市场机制、政府监管、社会发展、农业合作组织以及制度设计等方面存在的弊端与不足，具体表现为农产品市场失灵、政府监管的局限性、农业生产机会成本增加、组织发展水平低以及农户生产行为信用体系尚未建立等。

第三，研究结果表明，“非农收入占比”“食用农产品质量关心情况”“‘三品一标’认证取得情况”“个人声誉或信用看重情况”“购销合同签订情况”“投入品控制制度执行情况”6 个变量负向显著影响农户道德风险行为，其中，“食用农产品质量关心情况”是影响农户道德风险行为最重要的因素。

第四，研究结果还表明，自发存在于广大农村的非正式制度，如“道德观念约束力”“村规民约制定情况”等对农户道德风险行为的发生也有显著影响，实证结果表明，“道德观念约束力”以及“村规民约制定情况”变量负向显著影响农户道德风险行为的发生。

第五，从半参数 Logistic 回归模型得出的各显著变量边际效应绝对值的大小看，农户对“食用农产品质量关心情况”是最重要的影响因素。该因素是影响农户道德风险行为发生的内在因素，属于农户自律的范畴，这也意味着引导农户规范生产，关键在于提高农户的质量安全认知水平，增强农户的自律意识，逐渐地将规范农户生产行为由外在他律转为内在自律，最终引导农户自觉规范生产。

第六，防范食用农产品生产农户道德风险行为可以从经济、社会、制度及法律四个视角，农户自身、政府及农业合作组织三个方面进行。从经济视角看，应切实保障农户种植收益、增加消费者对安全食用农产品的购买、提高食用农产品流通环节效率。从社会视角看，对于农户而言，应提高社会责任意识并提升道德修养水平；对于农村集体组织而言，应制定和完善村规民约、切实发挥村规民约的作用、保护与弘扬优良传统文化；对于政府而言，首先要严格执法，其次要提高农户受教育水平，最后还要制定奖励措施。从制度视角看，应该充分发挥他律机制的作用，同时通过制度创新引导农户自律。从法律视角看，应不断提高农户和消费者的法律意识，加快制定“中华人民共和国食用农产品质量安全法”。构建农户道德风险行为防范机制，本书从农户自身、政府以及农业合作组织方面提出了具体措施。在农户自身方面，应提高质量安全意识、培养自律观念。在政府方面，既要完善激励和约束机制，也要严控农业化学投入品，更要通过制度创新建立农户生产行为信用体系。在农业合作组织方面，当前既要切实发挥好组织服务成员的作用，也要做好做大并分好经济“蛋糕”，更要积极承担起农业现代化发展的重任。

第二节　研究展望

受研究能力及其他因素的影响，本书还存在一些不足之处，这些不足之处需通过后续的研究予以弥补。为使研究成果更有实际价值和意义，本书还可以在以

下一些方面进一步展开。

首先，在研究范围方面，重点从空间范围来研究农户道德风险行为。受历史、区位及国家发展战略的影响，我国各地经济发展水平存在较大差距，农作物生长自然禀赋也存在一定差异，导致各地农户生产行为也可能存在不同。仅从全国范围开展研究，得出的结论及提出的对策建议将缺乏针对性，难以在各地普遍推广，这必将影响到政策实施效果，不利于保障食用农产品质量安全水平。因此，从空间视角展开研究，找出各省甚至各市县农户道德风险行为发生情况的不同、发生机理的异同、影响因素的差异，通过比较分析，得出有针对性的防范农户道德风险行为的对策建议，然后按照因地施策的思路，将有利于指导农户生产安全食用农产品。

其次，在研究对象方面，将按照食用农产品品种进行细分。由于不同类型的食用农产品生产规范等存在差异，导致农户生产行为表现出众多不同之处，因而道德风险行为的发生情况、发生机理、影响因素以及防范对策也可能存在差异。而当前的研究，受调研样本的限制，在理论分析及实证研究中，都未根据食用农产品品种进行细分，导致研究结论泛而不专，缺乏针对性，难以用来防范不同类型食用农产品生产农户道德风险行为。因此，对食用农产品品种进行细分，了解当前我国有代表性的某种食用农产品生产农户道德风险行为发生情况以及具体的防范对策，将更有利于从源头确保我国食用农产品质量安全水平。因此，在后续的研究中，将根据食用农产品品种进行细分，专门研究某种食用农产品生产农户的道德风险问题。

最后，在研究重点方面，将全面准确界定道德风险。生产环节食用农产品生产农户道德风险行为有多种表现，对农户道德风险行为的准确认识有利于防范农户道德风险行为，从而确保食用农产品质量安全。本书只考虑了生产环节农户道德风险行为的一个方面三种表现，而现实中农户道德风险行为的表现却并不只这三种情况，还包括契约型农户道德风险行为、安全食用农产品生产农户道德风险行为等。因此，在后续的研究中，将进一步完善对农户道德风险界定，以期更加准确的认识农户道德风险行为。

因此，在后续的研究中，将充分借鉴他人的研究成果，在现有研究的基础上，从研究范围、研究对象、研究重点等方面加以改进，不断地提高研究的质量和价值，为政府制定政策建议提供科学参考。

附录一　农户调查问卷

注：生计农户、参加病虫害统防统治的农户、不清楚违规施用农药危害的农户不在本问卷调查范围之内。

调查地：______省______市______县（市、区）______镇______村
调查者：______　电话：________　调查时间：______年____月____日

您好，这是一份关于食用农产品生产者道德风险行为的调查问卷。问卷中问题的答案没有对与错之分。对您填答的所有资料，仅供学术研究使用，绝不外流。请您按照实际情况或者想法进行选择，非常感谢您的合作与参与！

江西财经大学

一、农户个人特征

1. 您的年龄是________周岁？

2. 您的性别是：________？

①男　　②女

3. 您的文化程度是：________？

①文盲　　②小学　　③初中　　④高中　　⑤大专及以上

4. 您是否在村里担任过村干部或小组长等职务，或是否为党员________？

①否　　②是

5. 有两个经营项目，第一个项目稳赚 2000 元，第二个项目有 50% 的可能性赚 3000 元，也有 50% 的可能性赚 1000 元，您会选择哪个项目________？

①选第一个　　②无所谓　　③选第二个

二、农户家庭特征

6. 您家里常住人口有______人，其中劳动力有______人，去年外出务工______人。

7. 您家种植面积最大的食用农产品是：______

①粮食　　②蔬菜　　③水果　　④其他，共______亩。

8. 您家全年农业收入有________元，非农收入有________元。

三、农户认知特征

9. 您对您种植的食用农产品的质量关心吗________？

①不关心　　②比较关心　　③非常关心

10. 您对农村环境污染问题关心吗________？

①不关心　　②比较关心　　③非常关心

11. 您看重个人声誉或信用吗________？

①不看重　　②比较看重　　③非常看重

四、食用农产品生产特征

12. 您所种植的食用农产品取得了何种认证或标志（可多选）________？

①无　　②无公害认证　　③绿色认证

④有机认证　　⑤农产品地理标志

13. 您是否与收购方签订购销合同________？

①否　　②是

14. 您出售食用农产品的首要渠道是________？

①自己卖到市场　　②由小贩上门收购

③农业合作组织（龙头企业、合作社等）负责销售

五、生产环境特征

15. 您是否参加过质量安全培训________？

①否　　②是

16. 您在种植农产品过程中是否有技术指导________？

①否　　　　　②是

17. 您是否参加了农业合作组织________?

①否　　　　　②是

六、农户行为

18. 您在种植农产品过程中，是否提高过农药配比浓度来增强施药效果________?

①否　　　　　②是

19. 您在农产品收获安全间隔期①内，是否施用过农药________?

①否　　　　　②是

20. 您在种植农产品过程中，是否施用过下面农药中的一种________?

甲胺磷　　　　六六六　　　　滴滴涕　　　　氧化乐果

①否　　　　　②是

七、政府规制特征

21. 您觉得政府在食用农产品种植过程中随机抽查制度执行严格吗________?

①不严格　　　②比较严格　　③非常严格

22. 您觉得政府在食用农产品种植过程中违规惩罚制度执行严格吗________?

①不严格　　　②比较严格　　③非常严格

23. 您觉得政府在食用农产品种植过程中农业投入品控制制度执行严格吗________?

①不严格　　　②比较严格　　③非常严格

八、农户对非正式制度的认知

24. 您觉得您的集体观念强吗________?

---

① 是指最后一次施药至收获的时期，自喷药后到残留量降到最大允许残留量所需间隔时间，一般不少于7天。

①不强　　　②比较强　　　③非常强

25. 道德观念对您的行为约束力如何________?

①没有　　　②比较大　　　③非常大

26. 您所在的村庄社会风气怎样________?

①不好　　　②比较好　　　③非常好

27. 您所在的村庄有村规民约吗________?

①没有　　　②有

九、其他

为抑制农户道德风险行为，提高食用农产品质量安全水平，您认为政府或农业合作组织需要做好哪些方面的工作?

28. 您认为政府在食用农产品种植过程中主要应该做什么________?（多选）

①规范法律　　②政策引导　　③宣传教育　　④技术辅导

⑤组织销售　　⑥监督管理　　⑦资金支持　　⑧信息公布

29. 您认为农业合作组织在食用农产品种植过程中应该提供哪些支持________?（多选）

①统一组织销售　　　②提供技术指导

③发布供求信息；　　④统一提供生产资料

⑤提供订单保障　　　⑥给予资金支持；

⑦加强生产监管　　　⑧解读国家政策

⑨其他

调查到此结束，再次感谢您对本问卷调查的支持!

祝您身体健康、万事如意!

附录二　成文村规民约

其一：湖北省黄梅县××乡××村村级生态建设与环境保护村规民约

为加快社会主义新农村建设，实现“生态优化、环境优美、生产发展、生活富裕”目标，形成“全民动手、人人参与”建设生态家园良好局面，营造“水清、沟洁、路畅、宅美、树绿、果香、花艳、气净”的生态景象，经全体村民研究决定，制定村规民约如下：

一、人人重视环境保护，关心、支持并参与环保活动，自觉学习并遵守有关环保法律法规，掌握和应用环保知识，积极履行保护环境义务。

二、积极开展家园清洁活动，自觉维护公共区域环境卫生，不做影响他人居住环境和有损生态环境的事情。

三、自觉搞好卫生防疫工作，防止疾病传播，畜禽家畜养殖实行圈养，做到人畜分离，严禁垃圾乱倒、粪土乱堆、污水乱泼、柴草乱放行为，保持村容环境整洁。

四、大力发展生态农业，改进农业生产方式，科学使用农药、化肥和农用薄膜，禁止使用高毒、高残留化学农药，防止生态环境污染。

五、实行卫生三包制度。主动搞好房前屋后绿化，保持周边环境卫生，形成人人讲环境、户户争模范的良好氛围。

六、提倡移风易俗，遏制封建迷信，提倡婚事、丧事新办、简办，严格控制人口增长。

七、树立保护环境光荣、破坏环境可耻的观念，做到人人参与环境治理与美化，共建生态文明新村。

八、搞好生态环境保护，走可持续发展道路。植树绿化，防止水土流失，禁止未经批准随意开挖、取石、挖沙等。

本村规民约自公布之日起施行。

湖北省黄梅县××乡××村村民委员会

共二：浙江省平湖市××镇××村环境保护村规民约

为加快社会主义新农村建设，实现“生产发展、生活宽裕、乡风文明、村容整洁、管理民主”的目标，顺利开展村庄整治、生态村建设工作，特制定本村规民约：

一、人人重视环境保护工作，积极关心、支持和参与环保工作，自觉学习并遵守有关环保的法律法规，掌握与应用环保知识，积极参加“6·5 世界环境日”活动。

二、积极履行保护环境的义务，有权对污染和破坏环境的单位和个人进行检举和控告，被检举和控告的单位和个人必须立即停止有关污染和破坏环境的行为。

三、防止白色污染，使用菜篮子，尽量少用可降解塑料袋，禁止使用不可降解塑料袋，禁止使用含磷洗衣粉。

四、积极参加开展家园清洁活动，居民各家各户前要保持清洁，清除暴露的垃圾，清理卫生死角。生活垃圾一律放入垃圾箱（桶），自觉执行垃圾分类和垃圾减量，严禁将垃圾倾倒在垃圾箱（桶）以外的任何地方，严禁将石子等不符合减量的物品倒入垃圾箱（桶）内。

五、居民生活污水必须经过无害化处理，新建房屋入住前要先建好化粪池。建立生态公厕，提高公共卫生水平。

六、村公共道路一律不准晒物、堆土肥、放置其他杂物，严禁在道路两边烧泥灰。严禁随地乱倒垃圾秽物、柴草、粪土定点堆放，不准长期堆放石、沙、砖等建筑材料。

七、大力发展生态农业。科学合理地控制化肥、农药的使用量，严禁使用高效、高毒、高残留农药，提倡使用农业有机肥和带有“环境标志”和“绿色标志”的化肥农药，鼓励扶持绿色农产品的开发。

八、畜禽家畜养殖实行圈养。搞好卫生防疫工作，防止疾病传染，减少恶臭，粪便要经过处理后返田综合利用，尽量减少对环境的污染。

九、实行卫生“三包”制度，搞好房前屋后的绿化，种花种树、养鸟养鱼，并保持周边环境的整洁，形成人人讲环境、户户争示范的良好氛围，齐心协力为建设一流生态村而努力。

十、大力提倡移风易俗。有效遏制封建迷信，提倡婚事和丧事新办、简办，严格控制人口增长。

十一、树立保护环境光荣、破坏环境可耻的观念。做到人人参与环境治理与美化，共建生态文明村，所有村民要服从保洁员的管理和接受全村村民的监督。

十二、禁止秸秆焚烧，自觉进行秸秆回收，村民有权进行监督。

以上村规民约如有违反，第一次给予警告或批评教育，第二次罚扫村道一次，对有突出表现的将给予一定的经济奖励和政策照顾。

浙江省平湖市××镇××村村民委员会

其三：广西壮族自治区贺州市××镇××村清洁卫生村规民约

为确保“清洁城镇乡村，建设美丽××”活动工作长期有效地开展，进一步加强村容村貌的管理，创造清洁、美丽的生活环境。结合我村实际，经村民代表大会讨论通过，特制定清洁卫生村规民约，请全体村民共同遵守、相互监督。

一、大力宣传开展“清洁城镇乡村，建设美丽××”活动，营造“家园清洁人人有责，村屯清洁从我做起”的良好社会氛围。积极配合村民委员会搞好“清洁田园”、“清洁城乡”和“清洁江河”等村内环境卫生工作。

二、实行各户自家“门前三包”（包卫生、包绿化、包秩序），保证屋内及房屋周围清洁卫生，做到污水不乱排，垃圾杂物不乱扔，杂草粪土不乱堆放；爱护养护门前花草树木栽植和保护，进一步绿化、美化环境；不乱搭乱建，不乱停车辆，不占道干活，自觉维护公共卫生设施。

三、定期清理田间地头生产垃圾、农药、化肥包装袋（瓶）及废弃农用薄膜等，大力采用农业节能减排、清洁生产技术，减缓农药、化肥使用强度，有效缓解农业投入品对农田土壤、水体的污染，提升广大村民的清洁生产意识；集中力量对塑料包装袋、塑料饭盒、塑料地膜、农用包装袋等“白色污染”、卫生死角及其他各类垃圾进行清理。

四、严格搞好家庭卫生，做到人畜分离，对死禽、死畜要进行深埋；不得让畜禽在街道、河流或公共场所大小便，对地面、江河造成污损的，责令立即清除，并给予批评教育。

五、共同维护本村的垃圾设施，确保垃圾设施不丢失、不损坏。村民应将垃圾分类放置到垃圾桶或垃圾池，以便垃圾清理人员定期清理运到集中点。各家不得有垃圾暴露于室外，违者给予相应的处罚，并责令自行清除。

六、为减少垃圾设施的承受力，降低污染物排放量，村民应提倡勤俭节约，减少生活垃圾的制造量。农户对建筑垃圾要自行就地填埋；对茶叶瓜皮等有机垃圾要发酵堆肥；对塑料橡胶、废旧金属等可回收垃圾实行有偿回收；对电池、残留农药瓶等有害废物标识清楚并单独放置。

七、养成良好的卫生习惯和社会公德，充分尊重保洁员的工作成果，积极配合保洁员的工作；自行组建义务清扫队，使用垃圾清运车将垃圾废物投放到固定垃圾池或填埋点，为营造一个空气清新、环境清洁、优美亮丽的村屯而共同努力。

八、设立垃圾清运处理基金，每户每月收取××元作为垃圾清理费，主要用于支付保洁员工资以及一些公共清洁设施购置维护开支。

九、违反上述规定者，责令其自行清理整顿外，视情节轻重给予50～600元不等的处罚处理，所得罚款用于奖励举报违规行为和日常管理经费。

十、本村规民约如需修改，须经村民代表大会通过，如与国家法律、法规相抵触的应参照法律、法规执行。

十一、本村规民约自公布之日起实施，由村委会负责监督实施，并有权对违反者采取处罚措施。

广西壮族自治区贺州市××镇××村民委员会

附录三　R 软件运行程序

（1）模型中未引入非正式制度时的运行程序。

```
Library（np）
Citation（"np"）
Library（foreign）
Citation（"foreign"）
Library（rlm）
Citation（"rlm"）

Data < -read. table（"1201. dat", header = TRUE）
Attach（data）

bwx1 = npregbw（formula = x1 ~ z1 + z2 + z3 + z4 + z5 + z6 + z7 + z8 + z9 + z10 +
        z11 + z12 + z13）
x1hat < -npreg（bws = bwx1）
x1hat = fitted（x1hat）
bwx2 = npregbw（formula = x2 ~ z1 + z2 + z3 + z4 + z5 + z6 + z7 + z8 + z9 + z10 +
        z11 + z12 + z13）
x2hat < -npreg（bws = bwx2）
x2hat = fitted（x2hat）
bwx3 = npregbw（formula = x3 ~ z1 + z2 + z3 + z4 + z5 + z6 + z7 + z8 + z9 + z10 +
        z11 + z12 + z13）
x3hat < -npreg（bws = bwx3）
x3hat = fitted（x3hat）
```

```
bwx4 = npregbw (formula = x4 ~ z1 + z2 + z3 + z4 + z5 + z6 + z7 + z8 + z9 + z10 +
        z11 + z12 + z13)
x4hat < - npreg (bws = bwx4)
x4hat = fitted (x4hat)
bwx5 = npregbw (formula = x5 ~ z1 + z2 + z3 + z4 + z5 + z6 + z7 + z8 + z9 + z10 +
        z11 + z12 + z13)
x5hat < - npreg (bws = bwx5)
x5hat = fitted (x5hat)
bwx6 = npregbw (formula = x6 ~ z1 + z2 + z3 + z4 + z5 + z6 + z7 + z8 + z9 + z10 +
        z11 + z12 + z13)
x6hat < - npreg (bws = bwx6)
x6hat = fitted (x6hat)

XX = data. frame (z1, z2, z3, z4, z5, z6, z7, z8, z9, z10, z11, z12, z13)
yy = factor (y)
bw < - npcdensbw (xdat = XX, ydat = yy)
model. np < - npconmode (bws = bw)
yhat = fitted (model. np)

newy = y - yhat
newx1 = x1 - x1hat
newx2 = x2 - x2hat
newx3 = x3 - x3hat
newx4 = x4 - x4hat
newx5 = x5 - x5hat
newx6 = x6 - x6hat

Output = lm (newy ~ newx1 + newx2 + newx3 + newx4 + newx5 + newx6);

Output1 = lm (newy ~ newx1 + newx2 + newx3 + newx4 + newx5 + newx6 - 1);
```

```
Output2 = rlm (newy ~ newx1 + newx2 + newx3 + newx4 + newx5 + newx6 - 1);

Summary (output)
```

（2）模型中引入了非正式制度时的运行程序。

```
Library (np)
Citation ("np")
Library (foreign)
Citation ("foreign")
Library (rlm)
Citation ("rlm")

data < - read. table ("1202. dat", header = TRUE)
attach (data)

bwx1 = npregbw (formula = x1 ~ z1 + z2 + z3 + z4 + z5 + z6 + z7 + z8 + z9 + z10 +
        z11 + z12 + z13 + z14 + z15)
x1hat < - npreg (bws = bwx1)
x1hat = fitted (x1hat)
bwx2 = npregbw (formula = x2 ~ z1 + z2 + z3 + z4 + z5 + z6 + z7 + z8 + z9 + z10 +
        z11 + z12 + z13 + z14 + z15)
x2hat < - npreg (bws = bwx2)
x2hat = fitted (x2hat)
bwx3 = npregbw (formula = x3 ~ z1 + z2 + z3 + z4 + z5 + z6 + z7 + z8 + z9 + z10 +
        z11 + z12 + z13 + z14 + z15)
x3hat < - npreg (bws = bwx3)
x3hat = fitted (x3hat)
bwx4 = npregbw (formula = x4 ~ z1 + z2 + z3 + z4 + z5 + z6 + z7 + z8 + z9 + z10 +
        z11 + z12 + z13 + z14 + z15)
x4hat < - npreg (bws = bwx4)
```

```
x4hat = fitted (x4hat)
bwx5 = npregbw (formula = x5 ~ z1 + z2 + z3 + z4 + z5 + z6 + z7 + z8 + z9 + z10 +
        z11 + z12 + z13 + z14 + z15)
x5hat < - npreg (bws = bwx5)
x5hat = fitted (x5hat)
bwx6 = npregbw (formula = x6 ~ z1 + z2 + z3 + z4 + z5 + z6 + z7 + z8 + z9 + z10 +
        z11 + z12 + z13 + z14 + z15)
x6hat < - npreg (bws = bwx6)
x6hat = fitted (x6hat)
bwx7 = npregbw (formula = x7 ~ z1 + z2 + z3 + z4 + z5 + z6 + z7 + z8 + z9 + z10 +
        z11 + z12 + z13 + z14 + z15)
x7hat < - npreg (bws = bwx7)
x7hat = fitted (x7hat)
bwx8 = npregbw (formula = x8 ~ z1 + z2 + z3 + z4 + z5 + z6 + z7 + z8 + z9 + z10 +
        z11 + z12 + z13 + z14 + z15)
x8hat < - npreg (bws = bwx8)
x8hat = fitted (x8hat)

XX = data. frame (z1, z2, z3, z4, z5, z6, z7, z8, z9, z10, z11, z12, z13,
     z14, z15)
yy = factor (y)
bw < - npcdensbw (xdat = XX, ydat = yy)
model. np < - npconmode (bws = bw)
yhat = fitted (model. np)

newy = y - yhat
newx1 = x1 - x1hat
newx2 = x2 - x2hat
newx3 = x3 - x3hat
newx4 = x4 - x4hat
```

```
newx5 = x5 - x5hat
newx6 = x6 - x6hat
newx7 = x7 - x7hat
newx8 = x8 - x8hat

output = lm (newy ~ newx1 + newx2 + newx3 + newx4 + newx5 + newx6 + newx7 +
    newx8);

output1 = lm (newy ~ newx1 + newx2 + newx3 + newx4 + newx5 + newx6 +
    newx7 + newx8 - 1);
output2 = rlm (newy ~ newx1 + newx2 + newx3 + newx4 + newx5 + newx6 +
    newx7 + newx8 - 1);

Summary (output)
```

参考文献

［1］曹艳爱．“公司＋农户”契约型农产品交易关系中机会主义行为的表现形式与成因［J］．南方农村，2013（7）：16－21.

［2］陈浩．生态伦理视域下农村污染治理的思考［D］．南华大学，2016.

［3］陈希敏．中国农村合作金融制度变迁研究［D］．西北大学，2006.

［4］陈友芳，黄镘漳．道德风险、逆向选择与食品安全监管的思考［J］．中国青年政治学院学报，2010（6）：55－60.

［5］程钢．订单农业道德风险的博弈分析［J］．安徽农业科学，2006（24）：6703，6705.

［6］楚向红．村民自治制度下对村规民约问题的再认识［J］．中外企业家，2014（7）：240－244，250.

［7］崔春晓，宣亚南．生态标识食品的经济学性质与发展机制探析［J］．华南农业大学学报（社会科学版），2005（3）：53－58.

［8］代云云，徐翔．基于收购方角度的农户道德风险分析——以江苏省安全蔬菜种植户生产行为为例［J］．现代经济探讨，2011（7）：69－73.

［9］杜威漩．水资源可持续利用的非正式制度制约及创新［J］．水利发展研究，2011（3）：36－39，46.

［10］方秋平．农户安全农产品生产中道德风险的防范研究［D］．南京农业大学，2010.

［11］方秋平，代云云，徐翔．基于组织视角的安全蔬菜生产者道德风险分析——以江苏省为例［J］．南京农业大学学报（社会科学版），2011（1）：44－50.

［12］冯忠泽，李庆江．农户农产品质量安全认知及影响因素分析［J］．农业经济问题，2007（4）：22－26.

[13] 高君．农村社会治理中正式制度与非正式制度的功能及关系研究[J]．法制博览，2016（28）：48－49.

[14] 顾克腾．农户收入差距及其影响因素分析［D］．西北师范大学，2014.

[15] 郭利京，赵瑾．非正式制度与农户亲环境行为——以农户秸秆处理行为为例［J］．中国人口·资源与环境，2014（11）：69－75.

[16] 韩静，陈吉凤．企业声誉问题的经济学分析［J］．南京林业大学学报（人文社会科学版），2005（4）：77－79.

[17] 贺卫，王浣尘．从经济人到效用人——经济学中人性假设的飞跃[J]．山西财经大学学报，2000（3）：1－6.

[18] 侯宝珍．蔬菜生产市场的逆向选择与道德风险［J］．经济研究导刊，2012（25）：219－220.

[19] 侯麟科，仇焕广，白军飞，徐志刚．农户风险偏好对农业生产要素投入的影响——以农户玉米品种选择为例［J］．农业技术经济，2014（5）：21－29.

[20] 黄芳铭．结构方程模式理论与应用［M］．北京：中国税务出版社，2005：67－70.

[21] 黄坚毅．农产品质量安全信息体系的经济学分析［J］．安徽农学通报，2007（19）：368－369，128.

[22] 黄意武．论“经济人”与“道德人”的和谐及其现实影响——从亚当·斯密说起［J］．重庆邮电大学学报（社会科学版），2010（6）：82－85.

[23] 黄宗智．华北的小农经济与社会变迁（中译本）［M］．北京：中华书局，2004.

[24] 姜莉．我国农产品质量安全中的道德风险问题研究［J］．经济与管理，2013（12）：5－10，22.

[25] 纪志耿．非正式制度与农户借贷行为研究［D］．四川大学，2006.

[26] 江勇，刘秀丽，沈厚才．基于委托代理模型分析奶制品供应链上的道德风险问题［J］．物流技术，2009（9）：105－107.

[27] 李功奎，应瑞瑶．“柠檬市场”与制度安排——一个关于农产品质量安全保障的分析框架［J］．农业技术经济，2004（3）：15－20.

[28] 李丽霞，郜艳晖，周舒冬等．Mplus 6.0 软件的介绍与应用［J］．中国

卫生统计，2012（12）：929－931.

［29］李铜山．食用农产品安全生产长效机制和支撑体系建设研究［D］．华中农业大学，2008.

［30］李铜山．论食用农产品安全生产技术创新机制及其完善［J］．生态经济，2009（11）：134－137.

［31］李铜山．食用农产品安全生产理论简析［J］．河南农业科学，2006（10）：112－115.

［32］李铜山，雷海章．中国食用农产品安全生产的外部性问题及其应对举措［J］．调研世界，2008（5）：12－14.

［33］李铜山，刘溢海．食用农产品非安全生产的实证分析和监管对策［J］．河南科技大学学报（社会科学版），2006（6）：78－80.

［34］李学荣，张利国．非正式制度对农户道德风险行为影响的实证分析——基于389户农户的调查［J］．农林经济管理学报，2017（3）：35－39.

［35］李艳梅．安全蔬菜种植农户质量安全行为与市场因素研究［D］．南京农业大学，2009.

［36］李勇，任国元，杨万江．安全农产品市场信息不对称及政府干预［J］．农业经济问题，2004（3）：62－64.

［37］李学荣，张利国．非正式制度对农户道德风险行为影响的实证分析——基于389户农户的调查［J］．农林经济管理学报，2017，16（3）：334－342.

［38］梁治平．清代习惯法、社会和国家［M］．北京：中国政法大学出版社，1996.

［39］刘凤芹．不完全合约与履约障碍——以订单农业为例［J］．经济研究，2003（4）：22－30，92.

［40］刘瑞峰，柴军，陈彤．农户有机食品生产质量控制行为意愿的实证分析——基于新疆伊吾县60户瓜农的调查［J］．新疆农业大学学报，2009（5）：88－92.

［41］刘孝生．高职高专思想政治理论课与中学思想政治课衔接对策［J］．科教文汇（中旬刊），2013（6）：134－135.

［42］娄博杰．基于农产品质量安全的农户生产行为研究［D］．中国农业科

学院，2015.

［43］陆泗进，魏复盛，吴国平，许人骥．我国农产品产地生态环境状况与农产品安全研究进展［J］．食品科学，2014（23）：313－319.

［44］卢现祥．新制度经济学［M］．武汉：武汉大学出版社，2015.

［45］罗敏，李旭．农产品质量安全的博弈分析［J］．安徽农业科学，2010，24：13474－13477.

［46］罗能生．中国传统德治思想及其现代启示［J］．郴州师范高等专科学校学报，2002（6）：1－5.

［47］吕美晔，王凯．山区农户绿色农产品生产的意愿研究——安徽皖南山区茶叶生产的实证分析［J］．农业技术经济，2004（5）：33－37.

［48］马智胜，马勇．试论正式制度和非正式制度的关系［J］．江西社会科学，2004（7）：121－124.

［49］诺斯．制度、制度变迁与经济绩效［M］．上海：上海三联书店，1994.

［50］潘雄．半参数模型的估计理论及其应用［D］．武汉大学，2005.

［51］石洋．沈阳市大学生医疗保险参保行为影响因素研究［D］．东北大学，2012.

［52］孙佳佳，霍学喜．进口苹果消费行为及其影响因素——基于结构方程模型的实证分析［J］．中国农村经济，2013（3）：58－69，96.

［53］孙小燕．农产品质量安全问题的成因与治理［D］．西南财经大学，2008.

［54］孙永朋．小农命运论争阶段回顾及派别分析［J］．浙江学刊，2009（3）：173－177.

［55］谭颖．我国农产品安全生产中农户道德风险防范研究［D］．中国海洋大学，2012.

［56］童霞，吴林海，山丽杰．影响农药施用行为的农户特征研究［J］．农业技术经济，2011（11）：71－83.

［57］王爱丽，李圣军．农户家庭经营行为研究的相关评述［J］．农村经济与科技，2008（7）：53－55，61.

［58］王冬梅．村落文化视野中“女村官”执政的反思——以河北 H 村为例

[J]. 妇女研究论丛, 2010 (4): 52 - 57.

[59] 王海涛, 王凯. 养猪户安全生产决策行为影响因素分析——基于多群组结构方程模型的实证研究 [J]. 中国农村经济, 2012 (11): 21 - 30, 43.

[60] 王化楠. 中国食品安全责任强制保险研究 [D]. 西南财经大学, 2010.

[61] 王可山, 李秉龙, 赵剑峰. 基于道德风险模型的食品质量安全问题分析 [J]. 贵州农业科学, 2007 (4): 153 - 155.

[62] 王景利. 农产品质量安全的双边道德风险模型及其检验分析 [J]. 对外经贸, 2015 (10): 117 - 119.

[63] 王孟成. 潜变量建模与 Mplus 应用——基础篇 [M]. 重庆: 重庆大学出版社, 2014.

[64] 王世表, 王芬露, 王菁华. 食品安全的经济学理论分析 [J]. 中国农学通报, 2011 (11): 82 - 87.

[65] 王晓. 国外关于农业保险中农户的道德风险研究综述 [J]. 中国商界 (下半月), 2009 (11): 42 - 43.

[66] 王艳霞. 农产品质量管理的信息经济学分析 [J]. 经济问题, 2004 (9): 46 - 48.

[67] 王瑜, 应瑞瑶. 道德和经济利益: 双重约束下的农户质量控制行为研究 [J]. 技术经济与管理研究, 2010 (3): 152 - 155.

[68] 王玉环, 徐恩波. 论政府在农产品质量安全供给中的职能 [J]. 农业经济问题, 2005 (3): 53 - 57, 80.

[69] 王玉珍. 利他行为的"道德人"分析 [J]. 当代经济研究, 2003 (12): 30 - 34.

[70] 卫龙宝, 王恒彦. 安全果蔬生产者的生产行为分析——对浙江省嘉兴市无公害生产基地的实证研究 [J]. 农业技术经济, 2005 (6): 4 - 11.

[71] 魏毅. 新疆南疆地区维吾尔族聚居村农户经济行为研究 [D]. 新疆大学, 2009.

[72] 韦志扬. 我国农户技术采用行为研究概述 [J]. 安徽农业科学, 2007 (30): 9714 - 9716.

[73] 温莹莹. 非正式制度与村庄公共物品供给——T 村个案研究 [J]. 社会学研究, 2013 (1): 113 - 133, 243.

[74] 翁贞林．农户理论与应用研究进展与述评［J］．农业经济问题，2008 (8)：93－100.

[75] 吴林海，侯博，高申荣．基于结构方程模型的分散农户农药残留认知与主要影响因素分析［J］．中国农村经济，2011（3）：35－48.

[76] 吴勇．生产负外部性道德约束的特性与功能［J］．重庆科技学院学报(社会科学版)，2015（8）：14－16，26.

[77] 熊鹰，周峰．基于安全农产品有效供给的农户道德风险行为影响因素分析［A］//中国系统工程学会．和谐发展与系统工程——中国系统工程学会第十五届年会书集［C］．中国系统工程学会，2008：6.

[78] 徐成德．食品安全博弈：利益、道德与信任危机［J］．中国农垦，2010（11）：17－20.

[79] 徐娟，李学婷，杨锐，包玉泽．安全蔬菜生产者道德风险的演化博弈分析［J］．统计与决策，2013（14）：62－64.

[80] 徐翔，宋一鸣，李艳梅，谢静霞．建立食用农产品溯源机制的途径探析［J］．现代经济探讨，2009（10）：71－74.

[81] 徐翔，周峰．农户无公害农产品生产中道德风险程度的影响因素分析［J］．现代经济探讨，2007（7）：65－68，82.

[82] 徐勇，邓大才．社会化小农：解释当今农户的一种视角［J］．学术月刊，2006（7）：5－13.

[83] 薛求知，任胜钢．市场秩序不规范的博弈分析［J］．当代财经，2003 (4)：21－24，33.

[84] 亚当·斯密．道德情操论［M］．北京：商务印书馆，1998.

[85] 亚当·斯密．国民财富的性质和原因的研究（上卷）［M］．北京：商务印书馆，1994.

[86] 尹新哲，黄守军，任玉珑．农产品产地批发市场道德风险的协调策略［J］．中国流通经济，2013（3）：96－100.

[87] 于爱芝，李锁平．信息不对称与逆向选择——我国绿色蔬菜质量安全问题的经济学分析［J］．消费经济，2007（3）：70－73.

[88] 于干千．基于博弈论的“不抑兼并”土地制度分析——以唐宋农地制度的演进为视角［J］．中国经济史研究，2007（1）：159－168.

［89］约瑟夫·斯蒂格利茨，武锡申．正式和非正式的制度［J］．经济社会体制比较，2003（1）：73－78.

［90］翟晨子．社会道德环境下对于食品安全问题的探讨［J］．前沿，2013（10）：133－134.

［91］张建三，崔萍，张利．食品生产企业的道德自律与食品安全［J］．食品研究与开发，2014（18）：205－208.

［92］张进美，刘天翠，刘武．基于计划行为理论的公民慈善捐赠行为影响因素分析——以辽宁省数据为例［J］．软科学，2011（8）：71－77.

［93］张锦鹏．制度变迁与宋朝小农供给行为研究［J］．中国社会经济史研究，2003（1）：29－35.

［94］张利国．农户有机食品生产中的道德风险分析［J］．经济问题，2008（12）：89－92.

［95］张利国．食用农产品安全政府规制体系存在的问题及对策探讨［J］．科技与经济，2011（3）：11－15.

［96］张利国．食用农产品生产者质量信息传递行为影响因素分析［J］．科技与经济，2010（5）：53－56，74.

［97］张利国．安全认证食品管理问题研究［D］．南京农业大学，2006.

［98］张利国，李礼连，李学荣．农户道德风险行为发生的影响因素分析——基于结构方程模型的实证研究［J］．江西财经大学学报，2017（6）：77－86.

［99］张利国，李学荣．农户不合理农药施用行为影响因素分析——以江西蔬菜种植户为例［J］．江西社会科学，2016（11）：80－86.

［100］张玲玉．黑龙江省绿色农产品产业链整合模式及策略研究［D］．哈尔滨理工大学，2015.

［101］章荣君．乡村治理中正式制度与非正式制度的关系解析［J］．行政论坛，2015（3）：21－24.

［102］张婷．绿色食品生产者质量控制行为研究［D］．四川农业大学，2013.

［103］张维迎．博弈与社会［M］．北京：北京大学出版社，2013.

［104］张维迎．经济学原理［M］．西安：西北大学出版社，2015.

［105］张维迎．所有制、治理结构及委托—代理关系——兼评崔之元和周其仁的一些观点［J］．经济研究，1996（9）：3－15，53.

［106］张云华，马九杰，孔祥智，朱勇．农户采用无公害和绿色农药行为的影响因素分析——对山西、陕西和山东15县（市）的实证分析［J］．中国农村经济，2004（1）：41－49.

［107］张耀钢，李功奎．农户生产行为对农产品质量安全的影响分析［J］．生产力研究，2004（6）：34－35，47.

［108］赵来军，唐小平，肖志杰．我国食用农产品无缝隙化安全监管体系研究［J］．当代经济管理，2008（2）：18－22.

［109］赵庆聪，陈立南．基于结构方程模型的蔬菜质量安全风险分析［J］．北京信息科技大学学报（自然科学版），2012（4）：21－27.

［110］郑龙章．茶农使用农药行为影响因素研究［D］．福建农林大学，2009.

［111］钟涨宝，陈小伍，王绪朗．有限理性与农地流转过程中的农户行为选择［J］．华中科技大学学报（社会科学版），2007（6）：113－118.

［112］周丹．村级公共品筹资中农户参与意愿及影响因素分析［D］．华中农业大学，2011.

［113］周峰．基于食品安全的政府规制与农户生产行为研究［D］．南京农业大学，2008.

［114］周峰，徐翔．无公害蔬菜生产者农药使用行为研究——以南京为例［J］．经济问题，2008（1）：94－96.

［115］周峰，徐翔．政府规制下无公害农产品生产者的道德风险行为分析——基于江苏省农户的调查［J］．南京农业大学学报（社会科学版），2007（4）：25－31.

［116］朱晓敏．非正式制度对农民经济行为的影响分析［J］．农村·农业·农民，2006（6）：16.

［117］环境保护部．全国土壤污染状况调查公报，2015.

［118］环境保护部．中国环境状况公报，2014.

［119］Abhilash，P. C.，Singh，N.. Pesticide Use and Application：An Indian Scenario［J］. *Journal of Hazardous Materials*，2008（10）：1－12.

[120] Adam, O., Tim, H., David, C.. Moral Hazard, Hazard Aversion and Compliance Monitoring in Agro – Environmental Policy [J]. *European Review of Agricultural Economics*, 2001, 3 (11): 329 –347.

[121] Akinwumi, A., Adesina, Moses M., Zinnah. Technology Characteristics, Farmers' Perceptions and Adoption Decisions: A Tobit Model Application in Sierra Leone [J]. *Agricultural Economics*, 1993, 9 (4): 297 –311.

[122] Antle, J. M.. *Choice and Efficiency in Food Safety Policy* [M]. Washington D. C.: AEI Press, 1995: 25 –26.

[123] Antle, J. M.. Economic Analysis of Food Safety [A] //*Handbook of Agricultural Economics* [C]. Amsterdam: Elsevier Science B. V., 2001 (1): 1083 – 1136.

[124] Arthur, P. J. M., Peter, O.. Certification of Markets, Markets of Certificates: Tracing Sustainability in Global Agro – food Value Chains [J]. *Sustainability*, 2015 (7): 12258 –12278.

[125] Becker, Gary S., George, J.. Law Enforcement, Malfeasance, and Compensation of Enforcers [J]. *The Journal of Legal Studies*, 1974, 3 (1): 1 –18.

[126] Bharat Ramaswami. Supply Response to Agricultural Insurance: Risk Reduction and Moral Hazard Effects [J]. *American Journal of Agricultural Economics*, 1993, 75 (10): 914 –925.

[127] Caswell, J.. *Economics of Food Safety* [M]. New York: Elsevier Science Publishing Company, Inc., 1991: 273 –297.

[128] Caswell, J. A., Johnson, G. V.. Firm Strategic Response to Food Safety and Nutrition Regulation [J]. *Economics of Food Safety. Springer Netherlands*, 1991: 273 –297.

[129] Christoph, S., Matin, Q., Maximo, T., Angelino, V.. Contract Farming and Small – holder Incentives to Produce High Quality: Experimental Evidence from the Vietnamese Dairy Sector [J]. *Agricultural Economics*, 2013 (3): 297 –308.

[130] Coase, R. H.. The Nature of the Firm [J]. *Economica*, 1937, 4 (16): 386 –405.

[131] Coble, K. H., Knight, T. O., Pope, R. D., et al., An Expected – In-

demnity Approach to the Measurement of Moral Hazard in Crop Insurance [J]. *American Journal of Agricultural Economics*, 1997, 79 (1): 216 -226.

[132] Cosslett, S. R.. Distribution - Free Maximum Likelihood Estimator of the Binary Choice Model [J]. *Econometrica*, 1983, 51 (51): 765 -782.

[133] Dufwenberg, M., Lundholm, M.. Social Norms and Moral Hazard [J]. *The Economic Journal*, 2001, 111 (473): 506 -525.

[134] George, A.. The Markets for "Lemons": Quality Uncertainty and the Market Mechanism [J]. *The Quarterly Journal of Economics*, 1970 (3): 488 -500.

[135] Halkier, B., Holm, L.. Shifting Responsibilities for Food Safety in Europe: An introduction [J]. *Appetite*, 2006, 47 (2): 127 -133.

[136] Hirschauer, N.. A Model - Based Approach to Moral Hazard in Food Chains - What Contribution Do Principal-Agent-Models Make to the Understanding of Food Risks Induced by Opportunistic Behaviour? [J]. *German Journal of Agricultural Economics*, 2004, 53 (5).

[137] Horowitz, J. K., Lichtenberg E.. Insurance, Moral Hazard, and Chemical Use in Agriculture [J]. *American Journal of Agricultural Economics*, 1993, 75 (4): 926 -935.

[138] Jenkins, T. N.. Chinese Traditional Thought and Practice: Lessons for an Ecological Economics Worldview [J]. *Ecological Economics*, 2002, 40 (1): 39 -52.

[139] Jerome, R. Ravetz. Food Safety Quality, and Ethics - A Post - Normal Perspective [J]. *Journal of Agricultural and Environmental Ethics*, 2002 (15): 255 - 265.

[140] Lang T. Food, the Law and Public Health: Three Models of the Relationship [J]. *Public Health*, 2006, 120 (1): 30 -40.

[141] Mccluskey, J. J.. A Game Theoretic Approach to Organic Foods: An Analysis of Asymmetric Information and Policy [J]. *Agricultural & Resource Economics Review*, 2000, 29 (29): 1 -9.

[142] Milton, B.. The Role of Public Policy and Agricultural Hazard Management in Food Security Public Policy: Implications for Food Security [J]. *China Agricultural Economic Review*, 2011, 3 (4): 25 -31.

[143] Nelson, P.. Information and Consumer Behavior [J]. *Journal of Political Economy*, 1970 (78): 311 -329.

[144] North, D.. Institutions, *Institutional Change and Economic Performance* [M]. Cambridge Cambridge University Press, 1990.

[145] Northen, J. R.. Using Farm Assurance Schemes to Signal Food Safety to Multiple Food Retailers in the U. K. [J]. *International Food and Agribusiness Management Review*, 2001 (4): 37 -50.

[146] Paul D. Mitchell, Terrance, M.. Hurley Adverse Selection, Moral Hazard, and Grower Compliance with Corn Refuge [J]. *Agricultural & Applied Economics*, 2004 (10): 1 -19.

[147] Pauly, M. V.. The Truth about Moral Hazard and Adverse Selection [J]. *Ssrn Electronic Journal*, 2007 (36): 1 -23.

[148] Philippe, B., Alban, T. Regulating Nitrogen Pollution with Hazard Adverse Farmers under Hidden Information and Moral Hazard [J]. *American Journal of Agricultural Economics*, 2006, 88 (1): 57 -72.

[149] Quiggin, J., Karagiannis, G., Stanton, J.. Crop Insurance and Crop Production: An Empirical Study of Moral Hazard and Adverse Selection [J]. *Australian Journal of Agricultural & Resource Economics*, 1993, 37 (2): 935 -949.

[150] Redmond, E. C., Griffith, C. J.. Consumer Perceptions of Food Safety Risk, Control and Responsibility [J]. *Appetite*, 2004, 43 (3): 309 -313.

[151] Roberts, M. J., Key, N., Donoghue, E. O.. Estimating the Extent of Moral Hazard in Crop Insurance Using Administrative Data [J]. *Review of Agricultural Economics*, 2006, 28 (3): 381 -390.

[152] Roosen, J., Hennessy, D. A.. Tests for the Role of Risk Aversion on Input Use [J]. *American Journal of Agricultural Economics*, 2003, 85 (2): 30 -43.

[153] Salvatore, C.. GM Crops, Organic Agriculture and Breeding for Sustainability [J]. *Sustainability*, 2014 (7): 4273 -4286.

[154] Sande, D., Mullen, J., Wetzstein, M., et al., Environmental Impacts from Pesticide Use: A Case Study of Soil Fumigation in Florida Tomato Production [J]. *International Journal of Environmental Research & Public Health*, 2011, 8 (8):

4649 – 4661.

[155] Sheriff, G.. Efficient Waste? Why Farmers Over – Apply Nutrients and the Implications for Policy Design [J]. *Applied Economic Perspectives and Policy*, 2005, 27 (4): 542 – 557.

[156] Smith, V. H., Goodwin, B. K.. Crop Insurance, Moral Hazard and Agricultural Chemical Use [J]. *American Journal of Agricultural Economics*, 1996, 2: 428 – 438.

[157] Starbird, S. A.. Designing Food Safety Regulations: The Effect of Inspection Policy and Penalties for Non-Compliance on Food Processor Behavior [J]. *Journal of Agriculture and Resource Economics*, 2005, 25 (2): 615 – 635.

[158] Starbird, S. A.. Moral Hazard, Inspection Policy, and Food Safety [J]. *American Journal of Agricultural Economics*, 2005, 87 (2): 15 – 27.

[159] Starbird, S. A.. Testing Errors, Supplier Segregation, and Food Safety [J]. *Agricultural Economics*, 2007 (3): 325 – 334.

[160] Stevens, R. E., Mcewen, F. L., Stephenson, G. R.. The Use and Significance of Pesticides in the Environment [J]. *Journal of Range Management*, 1981 (7): 34 – 52.

[161] Teresa, S., David, Z., José, M. G.. Differential Uncertainties and Hazard Attitudes between Conventional and Organic Producers: The Case of Spanish Arable Crop Farmers [J]. *Agricultural Economics*, 2008 (2): 219 – 229.

[162] Tomislav, V.. The Relationship between Contracting and Livestock Waste Pollution [J]. *Review of Agricultural Economics*, 2005, 25 (1): 66 – 88.

[163] Torkamani, J., Mousavi, S. N.. Effects of Crop Insurance on Productivity and Hazard Management: A Case Study of Farms Province [J]. *Journal of Agricultural Economics Research*, 2011 (1): 1 – 26.

[164] Turvey, C. G., Hoy, M., Islam, Z.. The Role of Ex Ante Regulations in Addressing Problems of Moral Hazard in Agricultural Insurance [J]. *Agricultural Finance Review*, 2002, 62 (2): 103 – 116.

[165] Warren, L. M.. Healthy crops or healthy people? Balancing the Needs for Pest Control against the Effect of Pesticides on Bystanders [J]. *Social Science Electronic*

Publishing, 2009, 21 (3): 483 – 500.

[166] Xu, R., Kuang, R. P., Pay, E., Dou, H., Geert, R.. Factors Contributing to Overuse of Pesticides in Western China [J]. *Environmental Sciences*, 2008 (4): 235 – 249.

[167] Zhang, L. G., Li, X. R.. The Impact of Traditional Culture on Farmers' Moral Hazard Behavior in Crop Production: Evidence from China [J]. *Sustainability*, 2016, 8 (7): 643.